新零售时代

打造电商与实体店融合的新生态

刘国华 苏勇 ◇ 著

NEW RETAIL ERA

企业管理出版社
ENTERPRISE MANAGEMENT PUBLISHING HOUSE

图书在版编目（CIP）数据

新零售时代：打造电商与实体店融合的新生态/刘国华，苏勇著．—北京：企业管理出版社，2018.1

ISBN 978-7-5164-1626-6

Ⅰ．①新… Ⅱ．①刘… ②苏… Ⅲ．①零售业－商业经营－研究 Ⅳ．①F713.32

中国版本图书馆CIP数据核字（2017）第284865号

书　　名：	新零售时代：打造电商与实体店融合的新生态
作　　者：	刘国华　苏勇
责任编辑：	郑　亮　徐金凤　黄　爽
书　　号：	ISBN 978-7-5164-1626-6
出版发行：	企业管理出版社
地　　址：	北京市海淀区紫竹院南路17号　　邮编：100048
网　　址：	http://www.emph.cn
电　　话：	编辑部（010）68701638　发行部（010）68701816
电子信箱：	qyglcbs@emph.cn
印　　刷：	北京环球画中画印刷有限公司
经　　销：	新华书店
规　　格：	145毫米×210毫米　32开本　8.25印张　175千字
版　　次：	2018年1月第1版　2018年1月第1次印刷
定　　价：	58.00元

版权所有　翻印必究　·　印装有误　负责调换

前　言

从"路人甲"到"数据源"

在互联网的冲击下,一时间实体店似乎哀鸿遍野,频频关店成了一个"新常态"。然而表面风光的电商,日子也并不好过。甚至在某种程度上,电商漂亮的销售流水背后,却是用一种"杀敌一千,自损八百"的方式绑架利益各方。

可以说,当下的实体店和电商都走到了一个关口,都需要寻求新的解决方案。作为中国电商界的领头羊,马云在2016年下半年提出"新零售"的概念,试图解决实体店与电商都面临的困境。

之后,"新零售"一度成为线上电商和线下实体店从业人员热议的核心商业词汇。尽管马云提出了这个概念,但是他对其具体含义和内容并没有过多的解释,而是把这项工作交给了他身后的阿里研究院。2017年3月,在上海举办的"2017中国电商与零售创新国际峰会"上,阿里研究院正式发布了"新零售研究报告",对外界关心的新零售概念和方法论首次进行了系统化的解读。

不过,这份报告并没有带来多少惊喜,对新零售未来如何做也几乎没有涉及。对于电商和实体店的商家而言，新零售不能还停留在概念层面，而是需要进入实质性的操作阶段。任何商业的进化都是在寻求一种新的解决方案，新零售就是实体店和电商困境的解决方案。

当零售从"旧"走向"新"的时候，到底发生了什么呢？

过去，当我们去实体店买东西时，上个月去了一次跟今天又去一次，店家对我们的熟悉程度本质上没有差别。如果碰巧是同一个店员接待，而且这个店员记忆力不错的话，对方也许会说这人很面熟。除此之外，商家并不知道你的任何个人信息，不知道你的家庭住址，更不知道你还在哪些地方买过哪些商品，你的品牌偏好是什么。

这个时候的零售，每个顾客就犹如是散落在商家眼里的"路人甲"，走过去了也就过去了，也许永远都不会再发生任何联系。

电子商务和信息技术兴起后，这种情况发生了巨大的变化。

在电商时代，就算只是买一双袜子，实际上都是有带着"账号"进行消费的。消费者所有的消费都会在"账号"体系下进行记录，从而形成长期的"消费档案"。这个档案会记录下消费者历史消费的商品种类、价格、频次、转换等数据。此外，因为要涉及商品快递，家庭地址、电话号码等相对私密的个人信息也全都记录在册了。如果再打通非交易数据，把社交、行为习惯等数据加入其中，那么可供商家进行多种分析和应用的数据就会相当丰富和全面。

数据的丰富性、全面性、及时性和可得性为电商和实体店进入新零售时代打好了基础。但这并不意味着就是新零售，因为这个时候的电商和实体店还是分离的，电商是电商，实体店是实体店，各自干着自己的事情。尽管实体店知道电商对其造成了巨大的威胁，电商也知道实体店还是他们不可或缺的重要基础，但是在思维上两者还是存在很明显的对立情绪，还是分离思维。2016年年底，宗庆后和马云的争论已经向外界传递了这样的认知。

新零售时代，实体店和电商将把这种对立的关系转化为融合关系。通过数据，商家将把线上线下打通，建立起立体的"用户数据体系"，实现以账户为跟踪标签的数据收集，最终提供非常个性化和智能化的零售体验。

在数据技术的支撑下，当你走进一家实体店，店员马上可以自动识别身份，并且可以根据你在网络上的消费和行为数据自动做好分析，提前为你做好个性化的准备。尽管你可能是第一次走进这个商店，但是商家对你实际上已经非常熟悉了。说得吓人一点，这种熟悉的程度可能超过你本人对自己的了解。

此时你会发现，不管是在线上还是线下，顾客不再是"路人甲"，而是一个个存在消费档案里的"数据源"。这个数据源的任何一个线上线下的消费都会被记录下来，成为给你提供个性化商品信息推送、智能化服务的数据分析基础。

在新零售时代，商家可以通过"账号消费档案"分析来判断顾客的喜好、频次、时间分布等信息，据此提供高度个性化的零售解决方案。故而，个性化一词在新零售时代有着重要的意义。

个性化消费其实并不是个新词，早已被很多企业视为营销重点，但是操作上一直难以实现。数据收集与分析技术应用加速了实现个性化消费的可能性，如现在越来越多的新闻客户端会通过分析用户的阅读记录、浏览历史来为用户及时推送他们喜欢的新闻类型。如果你浏览了某个明星的新闻，系统可能会判断你喜欢该明星，便会经常把该明星的新闻推送给你。

在传统技术条件下，个性化消费实现的成本很高。但随着互联网技术的快速应用，一方面消费者可以通过互联网快速找到众多商家，另一方面互联网的"长尾效应"使得商家可以打破地域的限制，实现空间规模与成本的快速降低。

通过对消费者的"账户"跟踪来了解消费者是商家在新零售时代的一项基本要求。通过收集、处理消费者的搜索、浏览记录，商家能够分析消费者的偏好所在，从而了解消费者的真实需求，这比传统的市场调研更准确且更及时。

早期要弄懂消费者行为，需要通过传统的调查问卷、焦点小组访谈、个体访问、店面观察等定性、定量调查方式。

进入新零售时代，反映消费者行为轨迹的数据在网络上大量沉淀，数据量化指标被大量采集。

今天买家和卖家之间的新零售关系表现为：买家在买东西的时候，实际上是在向卖家汇报自己的种种数据，包括消费者自己都没有意识到的数据。现在越来越多的网站要求用户注册、填写个人信息，这既是为了管理的需要，也是一种获取用户信息的方式。

根据2017年6月1日开始施行的《中华人民共和国网络安全法》要求，以BAT（百度、阿里巴巴、腾讯）为首的互联网公司将逐渐实行实名制。这个做法从国家网络安全的角度自有一番深意，但是从消费者洞察角度，等于将精准的个人数据跟踪、推进了一个新层次。

尽管以前有"客户关系管理"的概念，但是与新零售时代线上立体式的数据跟踪、分析，并由此带来的精准顾客洞察相比，已经不可同日而语了。可以说，在新零售时代，商家比消费者更了解自己。

在过去，如果你被问到几天前买了什么？你或许能回答上来。但是如果问你半年前甚至一年前呢？恐怕记性再好的人也难以准确回答了。在新零售时代，由于可以通过顾客"账户"关联到各种历史消费数据、线上线下数据，那么那些被遗忘的、忽略的，甚至是不经意的消费记录都可以被还原。

除了还原，商家还可以据此进行数据关联，从而进行各种推断和预测。新零售既然打通了线上线下的数据，那么数据的关联性也将是这个时代的一个重要特征。

一个用户购买商品的完整流程：关注、查询、判断、购买、售后等，都可以关联起来。通过各种数据的关联性，可以综合推知该消费者消费行为的真正用途，还可以推知真正的家庭状况和偏好，以洞察用户的真实需求。

更为重要的是，作为"数据源"的顾客账户现在很多与社交账号相关联。这样一来，数据的关联性就会更强，消费者洞察就可以更具多样性和精准性。商家可以把对消费者数据的采集和行为分析逐步扩展至更多数据源，结合购物网站、其他网站浏览信息、社交媒体平台信息、移动终端、搜索引擎等多个平台去接触消费者，挖掘数据，从而进行更精准地评估和分析。

作为全球电商巨头的亚马逊凭借着巨大的消费数据优势，正在线下局部进行"预判发货"的试验，也就是在用户还没有下单且即将下单之前，系统已经自动将货物配送到消费者家的周边。一旦下单，商品便可以迅速到达消费者的手上。

大数据要实现真正的分析价值，光数据多是没有用的，还有数据的关联多，否则就很容易造成误判。比如学校食堂如果根据一个女生近期在食堂的消费少了很多，就判断该女生家庭遇到了困难，那就会闹笑话。要看看食堂外的其他关联数据，看看她是否减肥了，看看她是否在用男朋友的饭卡等。

由于各种数据的关联性，新零售时代商家便可以精确定位代表消费者的"账户"，以"账户"为单位来进行商业活动，将企业资源集中于对商家有高价值回报的客户上。当消费者想要购买某一种产品时，一般会通过各种渠道了解该产品的信息，这包括了搜索、社交媒体、官网等。这些消费者的信息会被存放在一个数据库中，商家通过关联数据分析形成潜在消费者的商机列表。

根据"账户"进行各类数据分析，推测顾客的个人偏好，找出潜在消费者，这是在新零售时代商家开展商业活动非常重要的一步。

举例来说，如果你经常购买一些玩偶玩具（不管是在线上还是线下），那么商家就可以根据玩具购买的情况替你打上"有孩子"的标签，甚至还可以判断出孩子大概的年龄，贴上如"有3～6岁的孩子"的标签。根据玩具的档次价格，还可以填上"高收入家庭"这样更为具体的标签等。所有的标签聚在一次，就成了你的"账户"定位，由此就大致构成了一个精致的"用户画像"。

交互设计之父 Alan Cooper 最早提出了"用户画像（Persona）"的概念，认为"'用户画像'是真实用户的虚拟代表，是建立在一系列真实数据之上的目标用户模型"。通过对客户多方面信息的了解,将多种信息集合在一起就形成了独特的"用户画像"。

有了"用户画像",商家就可以据此实施有效的用户决策。依然以上面的假设为例,如果某公司想推出一款面向3~6岁儿童的高端玩具,通过"用户画像"进行分析,发现该玩具的定位跟某账户定位比较重合,那么这类产品信息就会精准推送到这些用户面前。

不管对电商还是实体店而言,通过"用户画像"可以相对精准地了解一个账户后面的顾客,这样提出的营销活动内容就会有很强的针对性。在传统零售时代,一个顾客进门,店员顶多就是有礼貌地微笑,然后就开始介绍产品、了解偏好。在新零售时代,由于新零售建立的账户体系,顾客一进门,智能设备就可以呈现出完整的顾客信息,店员的问候方式、推荐方式等就会非常符合顾客的"胃口",增强顾客的体验感。

在消费者购买完商品后,理论上商家都应该在事后了解他们的反馈,以期改进产品和服务。在传统零售时代,消费者买完东西可能就消失在人海了,商家再去寻找相当困难。有了线上线下打通的数据系统后,情况就会变得非常不一样。商家可以通过"账户"了解消费者的评价及购后行为,包括在社交网络的吐槽,甚至品牌转换等,完成零售全过程的跟踪。

在新零售时代,线下线上将被打通,尤其是线下也将接入数据体系。基于数据的新零售,交易不是一次性的,而是接入到整个个人的消费记录中。在新零售时代,线上线下因为数据的打通,个性化、智能化的消费体验将重塑零售业,展现各种全新的购物场景。

未来已来,只是等着我们去跟随。

刘国华　苏　勇

2017 年 11 月

目 录

第一章　实体店向上与电商向下

一、互联网带来的零售变革 …………………… 3

二、频频关门的实体店 …………………………… 6

三、电商的极速增长 ……………………………… 11

四、电商困境之：不断攀升的流量成本 ………… 19

五、电商困境之：无休止的价格战 ……………… 24

六、电商困境之：濒临缺失的忠诚度 …………… 27

七、走到线下的电商 ……………………………… 31

第二章　新零售的场景化

一、难以代替的实体店体验 ……………………… 38

二、从经营商品到经营顾客 ……………………… 42

三、实体店原来可以这么玩 ……………………… 46

四、新零售的场景设定 …………………………… 51

五、立体感官氛围营造 …………………………… 54

六、场景下的情感互动 …………………………… 59

七、实体店场景新物种 …………………… 63

第三章 新零售的智能化

一、亚马逊的智能化新店 …………………… 70
二、智能化下的体验升级 …………………… 75
三、从数据收集到数据驱动 …………………… 79
四、数据驱动商品销售 …………………… 83
五、基于地理位置的零售 …………………… 87
六、精准客户关系管理 …………………… 91

第四章 新零售的生态化

一、顾客生活方式的立体化 …………………… 96
二、零售品类生态化 …………………… 101
三、跨界商业联盟 …………………… 106
四、全渠道生态 …………………… 111
五、从经营门店到经营商圈 …………………… 114
六、线上线下虚实联动 …………………… 117
七、商业共生 …………………… 120

第五章 新零售的端网化

一、美国超市的端网互动 …………………… 126
二、线上流量转线下用户 …………………… 130
三、线下用户转线上买家 …………………… 135
四、三端一体化 …………………… 138

五、终端的社交化 …………………………… 143
六、端网化与退货率 ………………………… 147
七、移动支付的端网化 ……………………… 150

第六章 新零售的垂直化

一、综合零售与垂直零售 …………………… 156
二、深入产业链的垂直 ……………………… 161
三、定制化与小众原创 ……………………… 166
四、垂直带来的极致体验 …………………… 175
五、从综合到精品 …………………………… 179
六、社区店不死 ……………………………… 182

第七章 新零售与物流体系

一、京东与菜鸟的物流 ……………………… 188
二、物流与新零售成本 ……………………… 194
三、物流与新零售体验 ……………………… 198
四、社会化物流体系 ………………………… 202
五、物流大数据 ……………………………… 207
六、智慧物流与新零售 ……………………… 211

第八章 新零售展望

一、线上线下协同的新常态 ………………… 216
二、零售关系的民主化 ……………………… 220
三、AR/VR 与新零售 ………………………… 224

四、人工智能与新零售 ·················· 228
　　五、新零售面临的数据隐私 ·············· 233

尾声 ································· 237
致谢 ································· 242
主要参考文献 ························· 244

第一章

实体店向上与电商向下

互联网的诞生使得零售可以脱离实体，打破时间和空间的局限，给了电商快速生长的肥沃土壤。随着越来越多的零售往线上涌入，以流量为核心的竞争进入白热化。与此同时，电商在价格战、忠诚度等方面也面临棘手的问题。在这种情况下，电商开始频繁往线下走，新零售便在这样的背景下开始走进人们的视野。

一十年河东，三十年河西，没有人会一直是王者。从实体店到电商，再从电商到新零售，都只是时代发展的必然结果。不管实体店时代还是电商时代，商家本质上都是在争夺"用户"。区别在于，实体店争夺的是一个个看得见的人，而线上商家争夺的则是一个个代表人的"账号"。实体店时代，商家为了争夺用户而关注地理位置，开店成功的法则为"Location、Location、Location"（位置、位置、位置）。电商时代，商家为了争夺用户而关注流量，此时成功的法则变为了"流量、流量、流量"。

中国零售在20年左右的发展时间里，无论是当初的实体店集体向上，还是如今电商的局部向下，其内在逻辑都是在成本、便捷性及体验等几个维度上进行权衡的结果。无论是实体店还是电商，如今都无法在每个维度上占据绝对优势，在新环境下都面临着困境。新零售的到来，正是为实体店和电商的困境提供一种可行的解决方案。

一、互联网带来的零售变革

在互联网诞生之前，甚至在互联网发展的早期，零售要实现真正的"新"是很困难的。

互联网信息技术的发展带来个人生活和工作方式的巨大改变。互联网具有强大的连接人和资源的力量，由此也带来零售的革命。新零售既是解决实体店和电商困境的一种全新解决方案，也是时代发展的必要产物。

在工业文明之前的农业文明时代，由于人类自身对自然的改造能力极低，人类的生产生活对自然条件的依赖程度非常高，形成了靠山吃山、靠水吃水的被动式的生存状态和思维方式。这正是许多农业时代的局部文明都在河流水系附近产生的原因。当时人们无法主动去改造自然，产生了对自然的无比敬畏，因此这个时期产生了大量的祭天宗教和神学。在农业文明时代，零售受时间和地理位置的限制很明显，属于在小区域范围内的商品流动。

在工业文明时代，人类改造自然的能力大大增强。这个时期产生了大量的机器工具，科学管理大为流行，流水线作业得到广泛的应用。很多工厂甚至开始分解工人的作业动作，以期更大程度地提升效率，工人成为生产线上的"螺丝钉"。在工业文明时代，人类形成了社会化分工和等价交换的思维方式。此阶段商品被大规模、批量化生产出来，各种实体商店纷纷出现，迎来了真正意义上的零售大发展。其中大型超市和商场的出现，是工业文明时期零售业发展的顶点。

20世纪末开始，计算机和互联网技术把人类社会从工业文明时代带到了信息文明时代。在这个时代，空间和时间的限制被打开，企业可以方便地获取分散在各个角落的用户，企业创造价值的多寡取决于其用户的量级。这个时期的信息生产、信息传播和商业模式等方面都发生了巨大的变化，大量的数据被生产出来。由此带来了零售业的挑战和变革。

信息文明时代最终的工具就是计算机和互联网。早期计算机是单体的，散落在各个区域，无法实现机对机的联结。之后由于PC互联网的产生，计算机与计算机之间得以实现联结，散落在世界各个区域的人开始联结起来，实现了沟通上质的飞跃。但是由于计算机不可移动，沟通时必须坐在计算机前，这极大地限制了人们的便捷性。随着移动互联网诞生，这个问题得以解决，进一步缩短了沟通与连接的距离，打破了时间和空间的限制，信息的传播效率提到极大的提升。

移动互联网诞生后，智能手机一跃成为每个人最重要的"身体器官"。由于智能手机可以移动，随时可以连上网络，互联网便变得更具有革命性，好像物理聚变一样剧烈。触屏智能手机可以说是一个天才的创造，在颠覆了手机使用方法的同时，也改变了人类世界各个方面的运行方式。

据2017年5月发布的《中国移动互联网发展状况及其安

全报告（2017）》显示：2016年中国境内活跃的手机上网号码数量达12.47亿个，较2015年增长59.9%。2016年中国境内活跃的智能手机达23.3亿部，较2015年增长106%。而这些手机中，九成以上是智能手机，其他功能性手机大部分是基本不上网的老年人在使用。

智能手机打破了联结的时空限制，人类据此可以无地域、无时间限制地实现沟通和交易，随时知晓发生在世界各地的新闻事件。在这个时期，不管是企业与企业之间，用户与用户之间，还是企业与用户之间，互动的频次越来越高，各种信息相互交错，各个通道得以实现层次的联结。

经过20多年的发展，信息时代的第二阶段ABC时代（AI+Big Data+Cloud）来临。随着人工智能、大数据、云计算技术的出现和运用，互联网迎来了加速度、裂变式的新一轮革命。这场革命不仅使社会的各个方面发生了颠覆性的变化，也在改变着线上线下的零售业。

原来零售行业那些粗糙、效率低下的运作方式在新的技术下条件下都面临变革。连接一切，是互联网发展的根本方向和终极目标，因此线上线下的联结融合也同样是新零售的核心内容。

为新零售带来变革的各种技术产业体系日趋完善，初步形成了覆盖传感器、智能设备、系统集成、通信网络、物联网服务、数据软件、云存储在内的较为完整的产业链，这将带我们走进一个万物互联的时代，一些原来可望而不可即的新零售方式便可以轻而易举得以实现。

到那时，线上线下零售的合作成本就会变得越来越低，人与商业的合作、商家与商家的合作都会变得更加容易，这必然会带来零售业的一轮革命。

二、频频关门的实体店

"忽如一夜春风来，千树万树梨花开"，电商的迅猛发展让很多实体店经营者始料不及。

被欧美商界称为"蝗虫"的实体零售巨头沃尔玛，曾经有开店一家、横扫一片的威力。凡是沃尔玛开设超市大卖场的地方，方圆 10 英里之内无生还的小商场、小超市，这就像漫天蝗虫飞过的树林一样。所以导致了沃尔玛开店都在当地受到很大的阻力，有的地方甚至出现了暴力对抗的情况。在欧洲，很多地方还禁止沃尔玛去开店。

在电商的冲击下，沃尔玛今天不再有往日的风光，颓势十分明显。2016 年，沃尔玛迎来 35 年来最差业绩，全球关店 269 家。成立于 1893 年的希尔斯百货是美国著名的百货之一，2015 年希尔斯百货关店 235 家，2016 年关店近 80 家。2016 年梅西百货在美国关店 30 家，涉及加州、纽约等多个州。2015 年，美国彭尼百货（J.C.Penney）关了 40 家门店。

截至 2017 年 7 月底的前三个月中，美国彭尼百货净亏损扩大至 6200 万美元，较 2016 年同期 5600 万美元的亏损更为恶化。与此形成鲜明对比的是，这几年美国购物者网上购物一直保持两位数的增长速度。截至 2017 年 9 月 21 日，全球最大的电商企业亚马逊市值达到 4653 亿美元，而美国主要上市实体零售店总市值还不到 3000 亿美元。由此可见，资本市场对电商和实体零售价值的判断对比。

受电商冲击的不仅是美国，在中国可能更严重一些。2015 年，中国实体零售业迎来史上最大的关店潮。德勤全球发布的《2017 全球零售力量》报告显示，伴随电商的迅猛发展，中国实体零售商销售额从 2014 年起便出现大幅下滑，关店潮席卷各地。据《2015 中国连锁百强》显示，2015 年 55%的企业净利润下滑，新开门店同比下降 16%、关闭门店同比上升 39%。

2015 年年中，万达百货宣布关掉全国约 90 家百货门店中的一半。美特斯邦威、李宁、百丽、达芙妮等零售品牌更是上百家、千家的成批关店。进入中国的零售品牌如百思买、易买得等甚至停止了中国区业务。据媒体报道，韩国最大零售集团新世界集团旗下的易买得计划关闭在中国全部门店，结束 20 年的"入华之旅"。

2016 年这样的窘境仍在继续，一线和二线城市尤为明显。据《2016—2021 年中国零售企业行业市场需求与投资咨询报告》统计：2016年上半年，在单体百货、购物中心及大型超市业态中，共有22家公司关闭了41家店铺，歇业总面积超过60万平方米。其中，一线城市关闭7家，占17.07%；新一线城市关闭15家，占36.59%。一线与新一线两项合计关闭22家，占53.66%。根据2017年5月16日发布的《2016年中国连锁百强》资料显示，排在前三位的苏宁、国美、华润的门店增长率均出现负增长，分别为−4.2%、−9.4%、−5.1%。

在一些城市，尽管很多传统的零售店还在开着，但是来店购物的人已经寥寥无几，与往日的门庭若市已经有了巨大的反差。大量超市一层的店面，换了一批又一批，收益支撑不了店面租金。

面对如此场景，很多传统零售业都患上了互联网焦虑症。2016年年初，曾经在资本市场纵横捭阖的银泰帝国"掌门人"沈国军，就在公开场合表达了对传统零售业的不看好，称"在互联网的冲击下，这么辛苦，这么多人才挣这么一点钱"。万达集团董事长王健林在2016年6月"万达的转型与挑战"演讲中提道："2015年万达商业地产净利润是248亿元，股票价值2500亿元。而万达院线净利润只有8亿元，但市值已经1000多亿元了。"王健林的意思很明显，资本已经转向了，不在实体店了。

马云在一次接受采访时说："不是互联网和电子商务消灭了传统零售，而是落后、保守、自以为是的思想消灭了这些传统零售和传统行业。"实体店的关店潮并非只是因为电商的崛起，更多的是缺乏在新经济面前的升级意识和升级能力。

与电商不同，实体店受到时间和空间的两重局限，不能全天候购物，也不能走到哪里都可以购物。此外，消费体验差、经营同质化严重等问题都是导致实体店萧条的原因。

零售实体店或关或转，既是消费需求发生转变最直接的体现，也是商业模式升级的内在要求，更是零售业升级的客观规律。

实体店最风光的时期应该是20世纪90年代初到21世纪前10年，那时的百货商店、大卖场、连锁超市争相跑马圈地。这些年商业地产的火爆，也带来了配套零售大发展。由于这个时期的实体零售不愁人流量，一些零售实体店在建设前未经过合理规划，也很少考虑购物体验。

在电子商务没有兴起，实体店处于优势的时代，由于消费者没有选择的余地，只能忍受那种购物环境和体验都不理想，内容也高度雷同的实体店。随着消费观念的升级和电商便捷性的影响，消费者对实体店也开始挑剔起来。如果没有特别的体验感或者其他非去不可的理由，他们宁愿选择在家里对着计算机或者手机"逛商场"，然后下单等待快递上门。消费者对实体店的购物体验不再停留在过去的层面，不同群体的关注点也出现多级分化。一旦感觉不好，消费者就马上转向电商。面对层出不穷的新需求，其中一部分实体店开始

"找不着北",只能关门。

在互联网兴起之前,由于人们获取信息的途径有限且成本高昂,商家的成本一直都是个"黑匣子"。早期如果租金房价上升,实体零售店可以将一部分增加的成本转嫁到消费者身上。但互联网使商品价格趋向透明,要转嫁这部分成本就显得十分困难。当提价受阻,一些管理滞后的实体店只好关店止损。与此同时,一线城市的店面租金和人工费成本这些年又翻了几番,这也是一线城市关店偏多的原因之一。

实体零售店的危机还远不止如此,其实还有一个容易被忽略的事实:实体店除了用户规模在下降外,消费群的年龄也越来越大,年轻人未被充分吸引。现在逛超市、实体店几乎成为中老年人的一个专属活动。随着这些年轻群体的成长,他们将越来越对实体店无感。从人口出生情况来看,"80后""90后""00后"这个年龄段的人群既有人数规模,又有消费意愿和消费能力,本应是实体店最应拢住的消费人群,但却被电商平台卷跑了。从阿里巴巴公布的数字来看,淘宝天猫的用户中40岁以下占到其用户群的88%。

当然,实体店也不都是坏消息。从消费需求看,实体店市场潜力仍相当可观。根据商务部有关专家的说法,尽管电商做得风生水起,但是从总量来看,实体店销售额目前仍然占全国零售总额的90%,从业者占第三产业就业人口的约1/5,无论是促消费还是稳就业,实体店仍将担当着重要角色。另外，尽管很多实体店正在关闭，但是也有一些连锁店在关店的同时也在开店。例如，根据公开资料显示，2016年沃尔玛中国区关闭了13家店，同年其在中国又开了24家新店，包括21家大卖场和3家山姆会员商店。

相对电子商务而言，实体店才是真正的现实生活。实体店提供给顾客真切接触商品的体验空间，本身就是实体店的核心价值所在。那些被淘汰出市场的实体店，往往都是本身无法再适应新的环境。可怕的不是关店，而是敢不敢在新的零售业态中大胆调整策略寻求新模式。

面对新零售业，实体零售企业须主动求变。只有那些主动转型、敢于创新的零售企业，才能赢得未来。多数实体店萧条的症结正是依旧把店家与用户的关系定义为单纯的"买卖关系"，商品售出即结束。这一点，必须在新零售时代终结。

三、电商的极速增长

马云在接受《财经国家周刊》采访时说："中国的电子商务其实已经创造了中国乃至世界的奇迹。"的确，单从阿里巴巴来看，无论是交易量、交易笔数、用户人群，阿里巴巴都已经超越了eBay，超越了亚马逊。

下面我们不妨简要回顾一下中国电子商务近20年来极速发展的情况。

1995年下半年，中国接入互联网。之后的三年时间，中国电子商务开始酝酿。互联网英雄们还刚刚在思考中国互联网发展的问题，张朝阳从美国MIT回国创业，马化腾还在写代码，马云则在四处"忽悠"互联网正在遭遇着各种挫折和冷眼。之后，中国三大门户网站和腾讯相继创立。

　　1999年可以算是中国电商元年，电商在这一年真正进入了实质化商业阶段。1999年4月15日，阿里巴巴网站正式上线，也在这一年第一次拿到了孙正义的首笔投资。1999年9月，8848网策划了"72小时网络生存试验"，但试验中12名选手绞尽脑汁，仅通过网络买到了永和豆浆。

　　2000年，中国网民暴增至890万人，能上网的计算机达到350万台，电子商务才算开始有了早期的市场。就在此时，美国的互联网却泡沫破灭，资本快速远离互联网。中国三大门户网站新浪、网易、搜狐虽相继勉强在纳斯达克上市，却都没有讨到多少好处。

　　2003年，互联网资本又开始回归。电商企业如慧聪网、携程网等在资本的推动下，分别在中国香港和纳斯达克上市。这一年的5月，马云在一片反对声中创立淘宝网。当时大家都认为马云疯了，那时候阿里巴巴的B2B刚刚存活下来。eBay易趣的市值达到七八百亿美元，而阿里巴巴公司加起来连一亿元人民币都没有。2004年12月，马云又创立第三方网上支付平台支付宝。淘宝网和支付宝的成立更为阿里巴巴的庞大帝国奠定了坚实的基础。这个时候,京东刘强东开始准备放弃线下主营电器的实体店,主攻线上京东商城。

2005年,腾讯依托5.9亿名用户推出了"拍拍",自此eBay、淘宝网、拍拍三大电子商务网站三足鼎立。在占据了B2B和C2C老大地位后,马云决定在2005年5月成立淘宝商城,将业务扩展至B2C板块。

2006年,经常挂在互联网业界人士嘴边的一个词是Web 2.0,博客、视频、互动社区,这些新概念被寄予了厚望,代表着互联网的未来。这一年,美国《时代周刊》提出了新数字民主主义公民的概念,并把"2006年度风云人物"的奖项授予了每一个数字公民。

2007年11月6日,阿里巴巴在中国香港华丽上市,创造的几项纪录成功载入港股上市的史册:中国香港历史上首日上市飙升幅度的最高纪录、中国香港联交所上市融资额的最高纪录、中国香港历史上IPO认购冻结资金额的最高纪录。阿里巴巴的上市让中国电子商务行业受到了极大的鼓舞,大家纷纷摩拳擦掌,准备大干一场。

然而到了2008年,影响全球的美国金融风暴爆发,中国也在这场金融危机中受到了极大的冲击。不过这场金融风暴对中国电商而言,却并不像其他行业那样悲情。相反,金融危机在某种程度上为电子商务提供了丰厚的沃土,大量的外贸企业通过电子商务转向内销。与此同时,一些地方政府也出台了一些政策鼓励企业在金融危机中转型，发展电子商务经济。例如，浙江省工商局就在 2008 年 12 月底出台了《关于大力推进网上市场快速健康发展的若干意见》，明确规定对于个人网上开店不强制办理执照。在政府政策的鼓励下，一些传统企业也开始纷纷投入电商领域。

2009 年，中国电子商务开始人声鼎沸，纷纷转型登场。这一年，市场满是凡客的声音，各大明星为其站台，一时间霸占了很多人的眼耳。但是，盲目扩张烧钱，供应链、品控等问题堆积，终究昙花一现，快速没落。京东、当当、红孩子、苏宁等也在这个时候正式从垂直转向综合 B2C。

2010 年以后，移动互联网开始大行其道。对零售行业而言，自此进入了一个新的发展时期，各种电商 APP 此后一次次完成市场细分。

2011 年，很多传统的制造企业或是直接到网上开店，试图摆脱原来相对单一的销售渠道体系；或是为在线零售商提供代加工、供货等服务，为电子商务的发展提供了坚强的后盾。

2012 年，实际运营的个人网店数量达 1365 万家，较 2011 年的 1620 万家，同比减少 15.7%，首次出现自 2008 年来下滑的现象。有人也将这一年称为"电商的冬天"。为了帮助企业渡过难关，促进经济发展，各地政府纷纷出台扶持政策大力推动中小企业开展网上贸易。其中，广东省工商局在 2012 年年底出台了《关于鼓励支持我省网络商品交易及有关服务健康发展的若干意见》，鼓励自然人开办网店，支持创业就业；上海也推出电子商务"双推工程"；河南省推出中小企业成长"翔计划"等。不过，这一年中国移动电子商务市场交易规模达到965亿元，同比增长135%，依然保持快速增长的趋势。

2013年，凭借巨大的人口优势，中国在这一年超越美国成为全球第一大网络零售市场。我国电子商务交易规模突破10万亿元大关，其中B2B电子商务市场交易额达8.2万亿元，网络零售市场交易规模达18851亿元。网络零售交易规模相当于社会消费品零售总额的7.8%。2013年，快递业务收入累计完成1441.7亿元，最高日业务量突破6500万件。2013年12月，快递业单月业务量突破10亿元，比2006年全年还多。

2014年，根据中国电子商务研究中心监测数据显示，中国网购用户规模达3.8亿人，而2013年为3.12亿人，同比增长21.8%。中国移动网购交易规模达到9285亿元，而2013年达2731亿元，同比增长240%。2014年3月底腾讯宣布战略投资京东，旗下业务腾讯电商打包卖给京东，另额外投资数十亿美金给京东。2014年5月京东集团在美国纳斯达克正式挂牌上市，总融资额超过30亿美元。2014年5月，聚美优品在纽约证券交易所正式挂牌上市。同年9月，阿里巴巴正式在纽约证券交易所挂牌交易，发行价为每股68美元，成为美国历史上融资额最大的IPO。

2015年5月，国务院印发了《关于大力发展电子商务加快培育经济新动力的意见》,进一步促进电子商务在中国的创新发展。这一年,中国电子商务服务企业直接从业人员超过 270 万人,由电子商务间接带动的就业人数,超过 2000 万人。艾瑞咨询数据显示,2015 年中国电子商务市场交易规模达到 16.4 万亿元,增长了 22.7%。其中网络购物增长 36.2%,成为推动电子商务市场发展的重要力量。2015 年中国移动购物市场交易规模达 2.1 万亿元,同比增长 123.8%,增速远高于中国网络购物整体增速。

2016 年 9 月 1 日肯德基天猫店试运营,9 月 2 日肯德基所属的百胜餐饮与蚂蚁金服、春华资本达成协议,后两者以 4.6 亿美元入股。这个情况表明,实体店面临越来越尴尬的境地。该事件对餐饮零售转型是一件标志性的事情。2016 年中国电子商务交易额 22.97 万亿元,同比增长 25.5%。其中,B2B 市场交易规模 16.7 万亿元,网络零售市场交易规模 5.3 万亿元,生活服务 O2O 交易规模 9700 亿元。

以上是对中国电子商务发展的简单回顾,电商发展得如此迅速,可以从阿里巴巴的"双十一"快速增长的数据里窥探一二。2009 年,阿里巴巴把"双十一"从"光棍节"变成购物狂欢节。自此每年 11 月 11 日这一天,全民都 24 小时盯着阿里巴巴的大幕滚动,看着数字从 0 开始不断上升。

2009 年是淘宝首届"双十一",当时网购还未蔚然成风,但是依然在短短一天内创造了 5000 万元的销售额。2010 年中国网络购物市场与电商行业表现出强劲的发展态势，这一年淘宝"双十一"销售额也大幅增长，高达9.36亿元，同比增长1772%。

2011年，淘宝"双十一"销售额又实现了里程碑式的飞跃，淘宝商城和淘宝网总支付宝交易额突破52亿元。2011年京东也开始加入"双十一"战局，尽管只有40万单的交易额，但打破了阿里巴巴一家独唱的局面。

2012年被业内称为"双十一"的爆发点，这一年淘宝商城正式更名为天猫。2012年"双十一"当日，天猫与淘宝的总销售额达到191亿元，其中天猫达到132亿元，淘宝网也有59亿元。

2013年，淘宝"双十一"销售额继续攀升，超过2012年的191亿元仅用了13个小时，再次达到新的高峰350.18亿元。

2014年，是阿里巴巴在纽约证券交易所上市之后的第一个"双十一"，当天13个小时就超过了2013年的350.18亿元，最终销售额达到了571亿元。

2015年，阿里巴巴"双十一"销售额达到了912.17亿元，其中无线端占比达到68%。2016年，天猫淘宝"双十一"的销售额达到了惊人的1207亿元，令全世界都感到震惊。

2017年的"双十一"，天猫淘宝的销售额再次增长475亿元，达到1682亿元。而京东全球好物节从2017年11月1日到11月11日24时，累计下单金额达1271亿元。

阿里巴巴"双十一"历年销售额统计如图1所示。

图 1　阿里巴巴"双十一"历年销售额统计

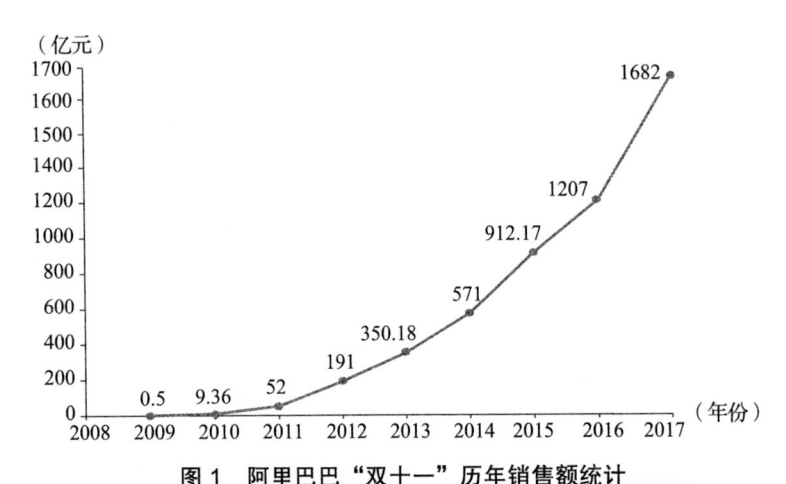

数据来源：根据阿里巴巴官方历年公布的"双十一"数据整理得出。

另外，在 2015 年的"双十一"，阿里巴巴与湖南卫视第一次联合举办了一次高规格的直播晚会。在"2016 天猫双十一狂欢夜"晚会，其总冠名金额就超过了 1 亿元人民币，被上海家化集团摘得。这是阿里巴巴有意打造一个新的超级 IP，成为阿里巴巴将购物与娱乐文化结合的一个产物。

一个原本阿里巴巴一家企业的促销活动，如今成为整个中国电商行业一年一度的盛事。这既是阿里巴巴的成功，更是中国电商增长的奇迹。

整体来看，中国电子商务经过 20 年左右的发展已经全面超越欧盟、日本等经济体，在部分领域已经比肩美国。我国电子商务已经从少数品种商品扩展到各个行业，甚至包括汽车、房产等大件商品，人群上从非主流人群扩展到了主流人群，区域上从大城市延伸到了中小城市和农村，从沿海发达地区扩展到了中西部地区。另外，中国电子商务对建立网络信用体系，促进经济增长、扩大就业、推动传统产业转型升级、培育战略性新兴产业等方面的价值也逐渐发挥出来。

四、电商困境之：不断攀升的流量成本

以阿里巴巴、京东等为代表的电商经过多年的发展壮大，已经渗透到普通人的生活。如今电商的竞争已经非常激烈，早期流量的红利正在消散失，流量成本越来越高。

早期之所以有大量的实体店一起涌入线上，很大一部分原因就是电商无店铺租金的成本优势。实体零售时代，经营店铺需要负责租赁门面、雇用店员、推广商品和店铺，以及店铺运营的其他各种成本。由此带来的业务支出主要包括店铺租金、人工成本、广告费用，以及其他运营相关开支。随着过去几年由于房地产价格持续走高，人工成本的不断攀升，运营实体店的成本一直在持续上升。

通过表1，我们可以看到在实体店时代直营体系线下门店开店费用率的情况如表1所示。

表1　直营体系线下门店开店费用率

费用种类	占成本比例
租金	25%
推广费用	5%
人工成本	10%～15%
其他杂项开支	10%～15%
总计	50%～60%

线下实体店在地产租金越来越贵的情况下，突然发现电商几乎可以不要租金，于是这里一下就成为一个人人都趋之若鹜的蓝海。随着越来越多的电商出现，很多商家开始淹没在浩瀚的电商海洋里，难以被消费者发现。

很多电商企业、个体经营者面临的一个巨大的问题，就是如何才能在电商丛林中脱颖而出。价格战成为电商企业最为粗暴的做法，他们通过不断降价来赢取消费者。这其中，以2012年"8·15"由京东、苏宁易购及国美三家挑起的价格战最为"惨烈"，最后导致中华人民共和国国家发展和改革委员会介入调查。当时京东CEO刘强东表示，京东大家电三年内零毛利。如果三年内，任何采销人员在大家电加上哪怕一元的毛利，都将立即遭到辞退。并且他宣布京东将在全国招收5000名国美、苏宁易购价格情报员，每店派驻2名。客户到国美、苏宁易购购买大家电时，同京东客户端比价，如果便宜不足10%，京东立即现场返券。紧接着，苏宁易购表示，包括家电在内的所有产品价格低于京东，任何网友发现苏宁易购价格高于京东，苏宁易购都会即时调价，并给予已经购买反馈者两倍差价赔付。同时，国美也表示从8月15日9点开始，国美电器网上商城全线商品价格将比京东商城低5%。

的确，价格战短期内往往可以收获很多消费者，但是长此以往就会把电商带入一个死局。由于价格战更适合实力雄厚的大型电商，对此小型电商只能望洋兴叹，否则就是短时间走向坟墓。

为了让更多的消费者看到自己的商品，除了价格战，电商企业更多地将目光投向引流。电商引流简单来说就是通过各种网络渠道获得更多店铺流量，将目标客户群引向自己的店铺。

在电商平台发展的早期，平台型企业主要是投入，以吸引客流为主，因此在平台上的商家引流费用极其低廉。但是随着越来越多电商消费者和商家进入平台，各个商家都开始大投入抢夺用户，这导致淘宝、天猫等平台的流量费用也水涨船高。

作为平台上的商家，如果在其他商家都在引流的情况下，自己不进行引流，客户都无法关注到自己的产品和店铺，销售就难以保证。以淘宝为例，一般有两种买流量的方式：一是直通车，二是钻石展位。直通车是普通淘宝卖家常用的买流量方式，免费展示，只有在买家点击时才付费；钻石展位则多被品牌旗舰店所喜爱，这些商家有更高的推广需求，同时也有更高的预算，可以得到淘宝最优质展示位置，通过竞价排序，按照展现计费。

淘宝每页有44个搜索展示位置，但是前三页基本可以拦截90%的流量。普通消费者很少能够浏览到十页以后，而且后面的转化率也很低。假设电商企业不做任何推广，消费者就很难浏览到店铺，很难促成交易。除非消费者有足够的耐心翻到后面的几十页,但是很可惜这类消费者少之又少。

所以,这个时候电商们基本上只有两种选择,一是不做任何形式的引流,等着做完"朋友圈"的生意后,自行倒闭;另外一个就是通过引流进入前三页,获得消费者的浏览,进而通过转化策划提高店铺的存活率。对于后者而言,一个残酷的事实就是,想进入前几页的电商太多,竞价就会把流量费用越抬越高,直到无钱可赚。这也解释了为什么很多人开网店后,基本上在半年到一年左右的时间,就做不下去了。因为一年内基本上可以靠亲朋好友的照顾,维持网店的存活,但是过了这个时间就得花钱引流量了。

为了进行引流,商家就要支付高额的引流费。在天猫平台抽成、平台引流广告费用与日俱增的情况下,各大品牌广告费用率也逐步上升。通过表2,我们来看看当前在天猫开店的费用率情况如表2所示。

表2 目前天猫开店费用率

费用种类	占成本比例
天猫抽成	5%
仓储物流	10%
人工成本等营运费用	10%～15%
推广费用	15%～30%
网页维护及拍摄费用	5%
总计	45%～65%

对比前一张表格,我们可以看到一个事实,当前在天猫

开店的成本已经不比线下店低廉了。而且，尽管引流能给产品和店铺带来较高曝光量，但是流量并不一定能实现有效的转化，效率不尽如人意。

一个电商的投放广告，如果有效点击成本是七八百元，客单价可能才五六百元，每卖一单亏一单。以链家地产为例，尽管他们花了好几亿元做线上交易平台，但是还要雇人去站街。链家地产做了一个测算，他们在互联网上的每个有效点击成本大概是两百多元，而他们雇人站街发传单，有效进店成本只有几十元，是互联网的三分之一。

面对不断增长的引流费用，电商们都开始寻找新的突破点。如何在引流渠道内提高效率，同时降低引流成本成为电商的当务之急。网红的出现似乎为电商们提供了一个较为合理的解决方案。

2015年开始，中国网红经济爆发。相对来说，网红引流的成本早期还是比较低的。如果请网红进行推广，只需一次性支付相对低的费用，就可以快速导入流量。除了引流费用相对较低，还有用户忠诚度高、转化率高等特点。

依靠网红引爆一款产品，当前已经是相当常见的商业操作。看到网红的巨大优势，淘宝已经自成网红达人体系，推出了淘宝达人。淘宝电商实际上已全面进入网红时代。不过网红的引流方式，并不能完整解决电商流量费用不断攀升的问题，还需要寻求更多的途径。

五、电商困境之：无休止的价格战

电商经过最近几年的发展，在市场规则方面越来越完善，但竞争压力却越来越大。淘宝刚刚兴起的时候，淘品牌如雨后春笋般冒出，如裂帛、茵曼、绿盒子等。但是，近几年却几乎没有知名淘品牌的诞生，早期的黄金时代已经不复存在，电商竞争激烈，生存不易。根据早前《经济参考报》的报道，淘宝集市店有600多万家，然而真正赚钱的却不足30万家，不到5%。

电商与实体店铺相比的确在很多方面存在明显的优势。例如，实体店铺受时间和空间的限制，难以实现很好的延展，而电商的空间可以随着互联网的延伸而实现无限的延伸，时间也可以由消费者自己决定，实现随时随地销售。理论上，任何一家放在网上的零售店，都可以实现全世界的销售。所以在电商行业有句名言："再小的淘宝店，做的也是全世界的生意。"

另外，由于实体店铺的店面空间有限，进店人流就会受到限制，不可能一时间涌入巨大的客流量，而电商的客流就不会受到店面大小的限制。通过洞察消费习惯，针对进行精准推广，电商就有机会争取尽可能多的客流。

就线上零售而言，消费者首先追求的就是相对便宜的价格，体验感是其次的。无论是大城市还是小乡村，网购的价格还是具有绝对优势的。当初无论是亚马逊、当当，还是淘宝、京东，所有的电商公司都是以价格取得绝对优势击败了实体店。

为了在价格上取得话语权，美国时尚电商品牌EVedane更是做到了极致。这家公司在2016年被《快公司》杂志评为年度创新公司，其核心商业模式是为用户提供极致的性价比。

该品牌没有线下实体店，销售渠道就是官网。EVedane的每一件商品都详细提供了所有价格相关信息，如一件白衬衫的标签上会写：10.77美元花在棉布、线和扣子上，剪裁用了1.22美元，8.35美元用在缝制上，物流运输花了4.61美元，最终成本是24.95美元。这时，EVedane会告诉消费者，他们的零售价是55美元，而同类产品传统零售商的价格是110美元以上。除此之外，工厂的信息、工人的照片和所有生产过程中的事情都会放在网站上。

然而现实很残忍，对很多电商而言，一个致命的问题是无止境的价格战争似乎无法避免。为什么电商的价格战无法避免呢？

首先，互联网本身的特性使价格等信息无限接近于透明化。

对于淘宝、天猫及京东这样的平台，为了方便消费者了解信息和对比信息，往往会让信息最大限度地透明化，包括价格、材料、材质、售后服务，以及用户评价信息等，基于这些信息来帮助买家找到最高性价比的商品和服务。但是对于在上面出售商品的商家而言，这却是最致命的伤害。商家要想不进入价格战，让品牌产生溢价能力只有三种办法：第一种是品牌的积淀和影响力；第二种是产品设计和服务的差异化；第三种是靠用户没有其他产品的选择，或者信息盲区的超额溢价。这三点对于中国的电商企业而言，要做到都很难，因此只能不断比较降价以换取消费者。

其次，因电商而诞生的各类比价软件的兴起。

由于消费者天生有在网上通过搜索寻找同质低价产品的习惯，一些第三方比价软件开始出现，如惠惠购物助手、一淘、省钱识货、如意淘等。这些比价软件让消费者可以更轻易地获取价格信息，从而可以在不同电商间购买价格更低的商品。部分电商以前尽管在进行所谓降价促销，但实际上还是在利用信息不对称手段蒙骗消费者。而第三方比价软件的出现，让消费者摆脱眼花缭乱的选择困境和虚假的促销陷阱。电商要承受的比价压力比以往更大，价格战变得更加透明公开。

最后，消费者的价格比较与转换成本几乎为零。

我们可以很简单地想象一个场景：当你在线下商场购物的时候，你看中了一个包包，假设这家卖899元。如果你想知道其他店同款的价格，你就必须走一段路程去找到另外一家零售店去比较。由于这个转换过程会很麻烦，很多客户于是就放弃比较。但网上购物非常轻松地解决了这个比价问题，进出店成本和寻找商品的成本也可以低到忽略不计。

总之，由于互联网本身的特点，电商的价格战比实体店时代来得更加剧烈。相同的商品，只有价位最低者才能吸引消费者下单。电商由此被迫进入一个不断降价才能有销售量的境地，利润越来越低。

未来大品牌可能会越来越难做，利润也会越来越低。为了维持巨大的销售额，大品牌必须把产品不断分发给各个平台，因为产品都一样，消费者当然就选择价格最低的平台。各个平台为了吸引消费者，必须在价格上有竞争优势，这样就会导致价格越来越低。

价格战之所以在电商领域会频发，除了互联网提供的便捷外，同质化才是价格战的本质原因之一。既然是同样的东西，消费者也找不到可以为商品多支付溢价的理由，所以肯定是谁便宜就买谁的。要想打破价格战，就要避免同质化，为消费者提供他们愿意买单的差异化产品和服务。因此，未来小众、个性化商品的利润空间可能要大得多。

六、电商困境之：濒临缺失的忠诚度

前文我们讨论了，目前影响电商盈利的重要问题便是流量费太贵，价格战太激烈，而转化率又太低。这背后实际上透露出消费者对电商忠诚度低的问题。如果忠诚度高，那么一次引流后可能就会多次消费；如果忠诚度高，那么引流的转化率也会较高。但是实际上，由于忠诚度低，消费者每次再买同样的商品时，依然会选择通过搜索再次寻找，以期发现价格更加便宜的同款商品。

2014年，《纽约客》就发表过一篇文章《互联网使品牌忠诚度变得毫无意义》。该文章指出，互联网可能正让品牌不再那么控制忠诚度。消费者的品牌忠诚度，正在成为往事。对于知名品牌而言，这就是一场噩梦。品牌从来没有像今天这样脆弱不堪。

在巨变的市场环境下，消费者正在变得越来越"三心二意"。埃森哲咨询机构对全球25000多名消费者进行了调查，其中54%的受访者表示自己在过去一年时间里更换了品牌，78%的人说自己更换品牌的速度比三年前要快。安永的一项调查发现，只有25%的美国受访者表示品牌忠诚度会影响购物选择。数字时代也是消费者主权的一个时代，消费者变得信息充分、见多识广、随心所欲，而不是仅仅相信品牌。

斯坦福大学教授伊塔玛·西蒙森在《绝对价值》一书中就提出，品牌的崛起源于信息的贫乏。过去，消费者对于一个品牌的了解不得不依赖于广告和过往经验，那时品牌就代表了品质。

电商行业的兴起，让消费者享受到了更低的商品价格，但由此也让消费者对价格越来越敏感。那些依靠资本烧钱，以补贴来赢得消费者的品类中，消费者对于品牌的忠诚度更低。前几年的团购，后来的网约车，以及正斗得如火如荼的共享单车都是这种消费模式。消费者往往根据的就是谁补贴大，谁价格便宜，就选择哪家。以共享单车为例，ofo 小黄车基本上是以一种近乎免费的方式在抢夺用户，更有起起单车推出 99 元押金终生免费的模式。实际上，这种方式无法长期获得忠诚客户，一旦补贴停止，用户就会转向类似摩拜单车这种体验感好、铺货量大的品牌了。

在实体店时代，品牌信息传递速度慢，消费者要了解产品信息除了品牌自身的宣传，主要源自门店导购，为了购买到自己放心的产品，大家更愿意相信品牌的公信力。现如今，信息爆炸式传播，大多数的消费者能迅速通过互联网了解目标产品的信息。有调查指出，75% 的客户不再相信商家通过广告推广的产品，消费者会主动搜索并依据自己的判断筛选信息。商业信息会越来越流畅，导致购物者对某个品牌的忠诚度会越来越低。

以前，很多品牌都会利用信息不对称增加产品溢价，很多传统产业都是利用信息不对称赚钱。但是现在，尽管京东已经这么强大了，只要其他电商平台上同样的东西便宜 10 块钱，大家肯定会选择便宜的。

这里我们不得不再次提到"网红经济"这个词。其实某种程度上，网红经济的兴起为解决电商的忠诚度持续降低找到了一种方法。网红的关注者即为粉丝，黏性高，对自己的偶像要比商品忠诚度高得多，很有可能会在网红推荐下重复购买某个商品，从而间接提高了商品的忠诚度。假设某网红的微博粉丝为1000万人，粉丝活跃度很高，那么网红就可以利用微博的大流量入口，对产品进行宣传、推广，产品的曝光度会非常可观。另外，因为粉丝对网红的喜爱和信任，从而带来了三个方面的优势：一是忠诚度高，二是转化率高，三是溢价高。

除此之外，网红电商还会减轻库存的压力。网红电商往往在发布产品前会征求粉丝意见，这样一来为产品的推出做了充足的预热，二来由于粉丝提前在产品设计上有了投入，他们会对产品更有参与感。一旦产品发布，很多产品都可能瞬间就可以卖完。即使有一些卖不完，他们还可以举办抽奖活动赠送给粉丝。这样既能够清理库存，也可以增加粉丝的忠诚度。

由于互联网对信息透明化的作用，未来消费者可能会从品牌忠诚度转向产品忠诚度，更关注可以看得见、摸得着的部分。或许未来的消费者只会忠诚于那些产品透明化、好用好玩的产品了，而不是背后装着"黑匣子"的品牌。

七、走到线下的电商

为了摆脱困境，电商开始寻求走出困境的解决方案。电商找到的一种解决方案就是开始向线下走，纷纷与实体店开始合作或者直接自己开实体店。亚马逊线下书店、淘宝体验厅、京东体验馆等，一个线上线下相互合作的零售形态已现雏形。

2015年11月初，美国亚马逊在西雅图开了一家实体书店Amazon Books。基于亚马逊20多年的线上书店经营经验，亚马逊实体书店重点陈列读者评分为4星及以上的图书。

亚马逊除了书店外，还有三种实体店也在布局中：第一种叫"快闪店"，这种店就像打游击一样，只开设一段时间，亚马逊在这些店里出售Kindle等自家电子产品。第二种是2016年年底推出的线下便利店，这些店运用了云计算、机器学习、语音控制和物流技术，让用户可以扫码购物、自动付款。这样既能让用户以最简单直接的方式感知商品，又能最大限度地为用户提供便利，避免了掏现金、排队付款的烦琐。第三种店是亚马逊的"线下杂货店"，用户可以远程下单、线上付款，商品可以送到指定提货点，用户也可以亲自到店里取货。

紧跟亚马逊开实体书店的步伐，以在中国挤垮实体书店成名的图书电商当当网也宣布三年将开设1000家实体书店。

2016年9月3日，当当网与步步高联合打造的O+O实体书店"当当梅溪书店"在湖南长沙正式开业。书店由亚洲首位Andrew Martin年度设计师罗灵杰担纲设计，位于长沙步步高·梅溪新天地梅溪书院，是集书店、咖啡、艺术空间、展览、讲座等于一体的文化社交场所。当当梅溪书店&梅溪书院共四层总建筑面积近5000平方米。店内陈列图书由当当专业选品团队根据湖南省阅读大数据进行精准的书籍品类选择和创新的多维度书籍推荐。

阿里巴巴和京东作为中国最大的两家电商，在线下布局上更是表现得热火朝天，要么直接开店，要么间接投资。

2015年8月，阿里巴巴283亿元战略投资苏宁云商，成为其第二大股东，双方打通电商、物流、售后服务、营销、金融、大数据等。同年10月，苏宁云商全资子公司苏宁云商集团南京苏宁易购投资有限公司与阿里巴巴共同出资10亿元设立"猫宁电商"，双方分别占股51%和49%。接着在2015年年底，淘宝在广州开了首家淘宝体验厅，淘宝会员可以在这里休息、用餐、体验淘宝产品。

2016年1月，获得阿里巴巴高额投资的盒马鲜生创立。盒马鲜生采用"线上电商+线下门店"经营模式，门店承载的功能较传统零售进一步增加，集"生鲜超市+餐饮体验+线上业务仓储"为一体，成为阿里巴巴新零售的1号工程。

2016年11月，阿里巴巴泽泰战略投资三江购物，投资金额为 21.5 亿元。

2016 年 12 月，阿里巴巴宣布天猫团队和聚划算团队全面一体化，打通业务、营销和运营等环节。天猫将成立三大事业组、营销平台事业部和运营中心，变阵为"三纵两横"网状协同体系和若干独立事业部的全新架构。同月，阿里巴巴投资的易果生鲜"接手"了永辉超市出售的 2.37 亿股联华超市内资股股份，成为联华超市第二大股东。

2017 年 1 月，银泰商业发布私有化公告，阿里巴巴参与并将以 74% 的持股比例成为其控股股东。2 月，阿里巴巴与百联集团宣布达成战略合作。8 月 28 日，阿里巴巴 B2B 事业群旗下零售通事业部宣布，将利用阿里巴巴的大数据优势，帮助全国 600 万家零售店，提升这些零售店的智能化、信息化水平。同时，阿里巴巴还将在未来一年新开一万家"用数据武装"的"天猫小店"，成为社区生态服务中心。

阿里巴巴实体店计划遍地开花，京东这边也毫不示弱。

2014 年 11 月 20 日，京东集团全国首家大家电"京东帮服务店"在河北省赵县正式开业。

2015 年 3 月，京东首家母婴体验店在北京开业。4 月，京东在北京开设了首个智能娱乐体验馆——"JD SPACE"，为消费者提供线下的智能硬件、视听、游戏互动类设备等产品的体验服务。8 月，京东 43 亿元持有永辉超市 10% 的股份，这是京东首次重投线下超市，其投资规模也是上市以来的最大手笔。

2016年3月，京东家电事业部宣布将在农村市场开设实体专卖店，计划专卖店每月新开千家，至2017年开两万家店、覆盖40万个行政村。5月，首家自营的"京东大药房"正式开业，其中非处方药可在线购买，由京东大药房负责配送。6月，京东收购1号店之后，与后者背后的沃尔玛展开深度合作。

2017年1月，永辉会员电商体验店在福州开业，融合了永辉目前孵化的8个创新项目：鲑鱼工坊、波龙工坊、盒牛工坊、麦子工坊、咏悦汇、生活厨房、健康生活有机馆和静候花开花艺馆。

2017年，京东家电将渠道战略定位为"极限下沉"，未来将采取在县级城市和乡镇市场同步发展的模式，县、镇、村齐上阵。2017年9月，京东超市宣布，不管是销售额还是增速，京东超市都超越了线下商超，成为真正的中国线上线下全渠道第一超市。并宣布京东超市已经是宝洁、美素佳儿、尤妮佳、好奇、惠氏、雀巢、维达、蓝月亮等品牌线上线下最大的零售商，是五粮液、茅台、联合利华、妮维雅、曼秀雷敦、伊利、可口可乐、欧莱雅洗护、玛氏宠物等品牌线上最大的零售商。

不过，对于这些线下开的店，刘强东强调，一是所有线下店都是加盟模式，京东并不直接拥有店面，仍然是轻资产模式；二是线下店主要设在人群集中的地方，或者线上覆盖成本比较高的地方（如农村市场），京东主要负责输出品牌、供应链能力、管理系统等；三是线下店策略同线上策略不同，所有线下店从第一天开始，京东的策略都是不要亏损。

不止他们电商二巨头，底下的小弟也紧跟布局实体店。当当、小米、网易严选、膜法世家、茵曼、御泥坊、阿芙精油等纷纷宣布要开线下实体店。

很多人不明白，电商最初就是搞垮了那些实体店赢得了市场为何自己又开起了实体店？众所周知，最近十年来电商的交易额呈现了迅猛增长的态势，这既体现了电商的繁荣，同时也意味着线上市场将日趋饱和。在这种情况下，电商巨头开辟线下市场为明智之举，是经过精细的市场调研、缜密的思考才得出的结论。

如今，电商一、二线市场已经趋向饱和，突破口就是"下沉"，向三、四线城市和农村转型。而在渠道下沉的过程中，实体店是不可避免的连接点。小城市和农村因为快递物流不发达，电商很难施展拳脚。但是假若在中间开起实体店，电商就有了跳板。

对于电商而言，往线下走的优势是十分明显的。每一个电商巨头事实上都是一家大数据公司，它们不仅掌握了海量的消费者数据，还有着深刻的数据、技术理解能力，以及基于这一切开发出来的技术和应用能力。电商巨头如果将这些能力与线下实体店结合，就能解决很多实体店本身不能解决的问题，推动实体店重获新生。

第二章

新零售的场景化

相比电商，实体店最大的优势就是亲临现场的体验感和真实感。与电商面对的一个个电子"ID"不同，实体店面对的是一个个真实的顾客。在新零售时代，利用技术手段全方位、立体式塑造良好的体验感成为商家必须迈出的一步。零售商家要把顾客真正放在体验的中心位置，从经营商品转变为经营顾客，实现真实场景下的情感互动。

春节有灯笼，圣诞节有圣诞树。各大商场更是每个节假日将商城进行各种各样的布置，为消费者营造具有代入感的场景。

　　通过场景营造，消费者不仅能够更直观地了解产品，还能够从消费中体验到跟产品相关的元素，增强体验感。在新零售时代，实体店不再是简单的货架、货柜，各种智能化设备也逐渐被应用到购物中，各种新式的场景布局显得更为引人入胜，优化消费体验。

一、难以代替的实体店体验

　　在大家都觉得电商发展之势不可阻挡之时，包括阿里巴巴、亚马逊、当当网在内的各大电商企业又纷纷布置起线下业务。电商企业的这一举措意味着实体店又将展现出复苏之态，纯粹的电商已不再是未来购物的大潮。

在网购浪潮发展蓬勃的时代，越来越多的消费者感受到了电商带来的便利，但仍不乏消费者愿意出入各实体店，挑选自己心仪的产品。实体店与电商究竟各有什么优势，是什么影响了消费者的购物方式选择？

提起电商，相信大多数人都不可否认它的价格优势，它的购买随时随地性。然而，现实生活中很难有十全十美，网购也不例外。质量问题无疑是许多人对网购踯躅不前的一大致命因素。无法把控的质量、与图文大大不符的实物，还有各种各样的假货，更不用说协商、退货、退款这类麻烦事。除此之外，对快递无尽的等待也可能会消磨消费者的耐心。

相比而言，实体店也具有许多电商平台所不具有的优势，其中最大的优势就是"实景体验"，对商品的"亲眼所见"是电商不能媲美实体店的。

在实体店购物，消费者可以更为直观地看到产品，可以用自己的各种感官来评判商品的质量。对于服装这一类产品，通过图片往往很难确定它的上身效果，不再有"图片仅供参考，请以实物为准"。在实体店消费者可以直接试衣，商品合适与否显得更为直观。在实体店中，消费者可以实际接触商品，亲眼看看、亲身感受商品的材质、质量，以及上身效果。

实体店特有的场景化设计亦是电商平台用再多的科学技

术都无法媲美的，场景化也为消费者购物增添了几分乐趣。作为家居用品行业的领头羊，宜家家居展现在消费者面前的不是整齐排列的各种商品，而是一种"生活"方式与品质。商品以场景化的布局展示，让消费者感受到了家的温暖。通过家具的真实摆放，更将消费者想象中的房子展现在他们面前，用一个一个切割的生活空间吸引消费者的目光。线上宣传、线下交易，宜家家居的成功亦向大众展示了新零售时代线上线下融合的成功案例。

产品以组合的方式出现，这在宜家家居的网上商城或是实体店中均是如此。单一产品的出现也许并不能引起消费者的兴趣，但当看到配套使用的产品时，消费者的想法也许会产生极大的改变。原本只想购买一种产品，最终却被组合套装深深吸引，多买一些也许也不成问题了。

物品陈列在网上商城时，消费者首先看到的是一张一张完整的客厅、卧室、厨房等的布局图。消费者受到整体风格、摆设的吸引便会点击图片查看细节物品，如此一来，消费者能够实际感受物品在摆放中会展现怎样的形态。这种方式以更为形象的方式为消费者提供了搭配方案。

有些消费者喜欢足不出户在家里享受网上购物的乐趣，但许多消费者仍偏爱在马路、商场上边走边买心仪的物品。"逛街"不仅仅是一种购物的方式，更满足了消费者休闲、娱乐的社交需求。有时逛街并不一定是要买什么，而是一种与朋友实地相处的方式。特别对于女性群体，逛街的乐趣妙不可言。网络中的物品往往是平面化的，但在现实生活中物品往往是立体的，这也是为什么有些产品放在网络平台中常常被人忽视，但在实体店中却能被人一眼相中。通过真实的接触让消费者感受到产品的价值是实体店的价值所在。

实体店购物带给消费者的不仅仅是真实的体验、场景化的体验，各种实体店在一定程度上满足了消费者的社交需求。在当今的发达社会，大多数人已不再满足于简单的生理与安全需求，社交需求亦成为基本需求。空闲时间，拉上亲朋好友来一场说逛就逛的街。逛街是一种生活方式、精神消费。与朋友、亲人一起逛街、购物，也许并不是真的想买东西，只是简单地想有一个相处的机会，而这在电商平台确实很难做到。

在《不可消失的门店》一书中，有一个数据显示：美国的经济结构中大约七成是消费支出，但线上交易只占经济活动的10%，也就是说"实体零售消失"的说法在美国是不存在的。

由于人们具有体验需求、社交需求等这些实体店所具有的功能，电商不可能在未来的日子里毫无阻碍地快速发展，新实体店也不会毫无竞争力可言。对于电商平台而言，积极与线下平台合作才有可能在未来的零售市场有立足之地。

著名咨询机构毕马威的调查显示，2016年中国有42.6%的消费者表示，会因为之前在网上看到过这个产品，而在实体店逛街的时候入手，这个数字在 2015 年仅为 19%。同时 2016 年，31.1% 的消费者会因为在实体店看中某一商品，而在网络平台上下单，高于 2015 年的 24%。

面对这种情况，零售商们要做的就是要把线上和线下结合起来，不仅关注线上平台的开发，还需要给用户提供强大的实体店体验。实体店与电商的结合，将会成为未来消费的新零售经营模式。以用户体验为中心，打造场景化的布局，满足消费者需求，提供一个便于社交的场所是线上线下融合的目标所在。

二、从经营商品到经营顾客

对于传统的零售业而言，卖出商品收获利润也许是最为看重的目标，但在新零售时代，这样的商家会越来越难获得消费者的认可。因为个性化是现代人越来越外露的性格，所以消费者的主体性表现越来越强，这是零售业要关注的重要方面。对于新零售而言，我们要时刻记住：顾客的价值变得越来越重要。

"顾客就是上帝"这类宣言提得很久了，也听得不能再多了，但商家真正能够做到的少之又少。在传统的零售业中，大多商家仍是以产品为中心的。在营销推广中，更多的是在介绍产品的性质、产品的功能，强调商品的价格。虽然越来越多商家开始发现顾客的重要性，意识到顾客体验的重要性，但是在实际的市场操作中，仍然会受到传统的制约，真正要做到"以顾客为中心"，任重而道远。

在新零售中，以产品为中心往往很快被市场所淘汰，而将消费者放在极其重要的地位，以顾客为中心才能够收获长久的效益。阿里巴巴前总裁卫哲曾谈到过："互联网时代的经济公式：$E=MC^2$，经济 = 商品 × 人^2。其中的 M 是指商品（Merchandise），C 就是消费者（Customer），C^2 就是消费者的二次方，所以人是让商业的原子弹爆炸的关键。如果我们只会经营商品，而不会经营人，企业的发展就很可能被卡在这儿。"从这个式子中就可以看出顾客的力量之强大，顾客所带来的效益并不是简单的成倍增长，而是成平方倍增长。

以太网的发明人梅特卡夫提出"梅特卡夫定律（Metcalfe's Law）"也证明了顾客、用户的重要性。这个定律说，网络的价值与网络规模的平方成正比。具体表现为网络价值与网络节点数的平方，与互联网用户的数量的平方成正比。也就是说，在一个互联网中用户数量越多，该网络的价值也就越大。这与一般的经济财产不同，不会因为使用者的数量增加而使原使用者的效用下降，即不会因用户数量增加而使个人分享所得下降，反而会使其效用增大。这也是网络信息资源的奇妙所在，它的消费是无损耗的，同时信息消费的过程也可能成为信息生产的过程。消费者的加入会使原有信息包含更多新生的内容，信息的消费者越多，它所包含的信息总量也会越大，该网络的价值也就越大。

在线上与线下结合的新零售时代，顾客是商业爆发的核心所在，单纯地生产优质产品已不能成为企业的唯一战略，从顾客入手，关注顾客能够为企业创造的价值是企业的发展之道。衡量一个企业是否成功已不能单单评估企业的投资收益率和市场份额，更应该关注顾客保持率、顾客份额。顾客已成为企业持续发展的基础所在。

有人甚至认为，"90%的销售收入取决于客户的开拓，另外10%由推销技巧带来"。这也许是一种夸张的说法，但却足以说明客户的重要性。拥有好的产品、好的推销员，企业并不一定能发展优良。只有吸引更多的潜在客户，才更有可能使品牌或企业发展壮大。

在传统实体店时代，很多商家不重视顾客的价值还心存侥幸；在新零售时代，在线上线下顾客融通的时代，如果依然不重视顾客，那就是彻底放弃商业本身。

新零售是线上与线下的融合，而线上平台正是这个网络平台，顾客的价值在新零售企业是不容忽视的。作为新零售重要的一部分，商家需将更多的注意力放在顾客身上。这种关注不仅仅是消费者进门时的问好，或是递上一杯茶水这些浅层次的服务，更重要的是要满足消费者的心理需求。消费者心理需求的满足是零售商实现顾客终生价值的基础。

在新零售时代，企业尽管销售出去产品或者服务，但是产品和服务只是联结顾客的入口。经营产品很多时候就是一锤子买卖，但是如果把思路从经营商品转变为经营顾客，商业发展就会有无限的可能。挖掘消费者的终生价值才是新零售企业向前发展的核心。

营销学上，"顾客终生价值（Customer Lifetime Value）"是指消费者能够为品牌或企业带来的收益总和。顾客终生价值包括了历史价值、当前价值、潜在价值。历史价值是指顾客已为品牌或企业带来的收益；当前价值是指若顾客行为不发生变化将来可能带来的收益；潜在价值是指顾客向他人推荐该品牌或企业产品从而带来的收益。

发展顾客终生价值最重要的便是潜在价值，为顾客提供使其满意的服务，他们会将这种满意与朋友分享，为企业带来了更多的消费者，也为企业营造了优秀的口碑氛围。注重顾客的潜在价值，单个用户的增加为企业带来不仅仅是单一的收益，之前所有顾客的价值都得到了相应的提升。注重与顾客保持紧密的联系，全时段保持对顾客的满意度关注，创造顾客终生价值，为新零售企业增添更多发展的价值与收益。根据我们前文讲过的梅特卡夫定律，在新零售时代这种潜在价值或者收益是有几何效应的。

经营顾客便是要提高顾客满意度，要知道顾客想要什么。优质的产品、良好的体验、优惠的购买价格、便捷的购买方式都能够成为吸引顾客的要素。在传统的实体店与电商时代，商家没有办法为顾客提供完全符合客户需求的东西，而在新零售时代通过打通线上的数据，商家可以更为便捷地了解顾客的消费需求与消费偏好。

新零售实体店能让客户的体验得到全方位的满足，情感得到极大地触发，结合线上的各大优势以及最为新式的科技支持，零售业的顾客经营才能真正成为可能。不需要太多的产品推广，这部分顾客便能够为商家带来更多的客流。

三、实体店原来可以这么玩

传统的实体店店主的经营思维，也许就是简单的物品摆放，再配上几个热情好客的店内销售员。在新零售时代，消费者对实体店的认识必须要得到改观。下面介绍的实体店，足以让你对实体店的印象"改头换面"。

服装是人们消费的一大品类，也是新零售实体店发展的一大重点。在与电商的较量中，传统的服装实体店显现出了较大的劣势。如今的消费者已不满足于传统实体店中简单的物品摆放，在未来的发展中如何使实体店与线上电商有效结合，展现出富有消费者体验性质的场景化布置，是实体店的目标所在。

集合了淘宝天猫上销售量最高的原创品牌，2015年12月25日，成都"就试·试衣间"正式开业。2016年11月25日，杭州的"就试·试衣间"也正式进入营业。尽管需要5元的入场费，消费者强烈的试衣欲望依旧高涨。

入场费非但没有减退消费的热情，反而成功勾起了消费者的好奇心，这也使进店的消费者更为精准。在这家实体零售店中，展示的产品全部来自淘宝天猫的原创知名品牌，并且只有在"双十一"淘宝消费排行榜中挤进前300名才有可能在这家店展示产品。

步入"就试·试衣间"，消费者便可以发现这家实体店别有洞天。在店铺内大约800平方米的空间中，一共设置了11个不同主题的试衣间。试衣间的风格也迥然不同，学院风、女巫风，各种玩偶、梳妆用品应有尽有，满足不同消费者的试衣想象与体验。店内还摆放了自拍杆，试衣的同时，消费者还可以尽情拍照。

"就试·试衣间"还会时不时与其他品牌跨界合作，举办不同的展览。在与"泰迪陪你"的合作中，门店将许多泰迪熊摆放在店内各处，打造出了可爱风。在"就试·试衣间"，会员还能够享受专业的造型指导，造型师会为消费者搭配最合适的服装，让消费者更清晰地了解自己。在会员活动区中，消费者还能够练形体、走T台，在"就试·试衣间"感受当模特摆拍的乐趣。

不仅仅是店内摆放的各类服装，任何看得见的商品，家具、饰品，只要扫描对应的二维码便可以直接下单。消费者可以选择当场将商品带走，也可以选择快递到家。轻松方便的购物方式为更多消费者带来了新体验。

"线下试衣，线上售卖"，"就试·试衣间"自带的互联网属性以线上线下结合的方式成功赢得了消费者的关注。以这种方式，线下重点展示商品，"就试·试衣间"充分展示了试衣间无可比拟的体验功能，也为消费者很好地解决了网购过程中质量无法得到保障的问题。

与传统的实体店不同，"就试·试衣间"能够做到"上新快，零库存"，以线上平台更为优惠的价格向消费者出售商品。通过消费者的购买成交数据，可以便捷地利用网络工具进行分析，对店内的品牌做出相应的调整，并能将相应的数据反馈给品牌方，优化生产内容。这种连接品牌与消费者的方式也能够给消费者提供更为优质的体验。

以线上线下相结合的方式，"就试·试衣间"综合了实体店与电商的各大优势，以新零售的方式为消费者提供了全新的购物享受。购物不再仅仅是购物，反而更像是探索新世界。

随着科学技术的快速发展，将科技因素应用于购买服装已不再是遥不可及的事。Memory Mirror试衣镜由位于帕洛阿尔托市的Memomi公司制造。无须换衣，消费者只需要在Memory Mirror的摄像头前旋转便可以直接看到服装的穿着效果。Memory Mirror通过数字成像达到了虚拟试衣的效果。并且Memory Mirror还可以将消费者的试衣视频保存下来。

试衣结束后，消费者就可以通过链接观看自己试衣的过程，并可以将照片传送到手机端，分享给朋友们。这样消费者便可以获得来自朋友们最为中肯的建议。

　　不仅仅是服装，其他行业也在紧锣密鼓地跟上新零售场景化的步伐。提到新华书店，相信许多人眼前浮现的是那一成不变的书店形象。2016年，一家以"新鲜空气"为主题的新华书店以全新的姿态在河北保定亮相，书店颠覆了消费者对新华书店的传统印象。书店入口设计新颖，分居门厅两侧的是日式枯山水景观。此外，书店中划分了多个阅读区、咖啡吧台、小舞台、茶室等空间。为了给那些喜欢在新华书店阅读的顾客提供方便，书店还提供沙发围合区，可以根据需要随时进行调换的散座区及高高低低的阶梯，如图1所示。

图1 "新鲜空气"新华书店

2013年4月，在上海营业的民营书店钟书阁，凭借其美观的设计已经成为申城引人注目的文化地标，不仅获誉"上海最美书店"，还被视作中国实体书店转型的一个标杆，如图2所示。

图2　钟书阁书店

根据美国零售业营销协会的调查报告显示，70%的客户愿意到别的地方买东西，如果在那里能得到更多的娱乐活动。这个调查结果其实能给我们很多启示，对于大型商超而言，除了品种更齐全的优势外,还要提供更多场景化的娱乐方式。不管这种娱乐方式是自己提供的,还是第三方引入的。

全新的购物场景体验,实体店购物不再是简单的消费,消费者可以在购物过程中享受到无穷的便利与快乐,购物更像是一场全新的旅程。在场景化的新实体店布置中融入线上销售,利用科学技术为消费者提供全新的购物体验,新零售以更优化的方式为消费者提供购物享受。

四、新零售的场景设定

在新零售时代,为了增强消费者的购物体验,实体店如何设定场景呢?

设定场景的前提还是先要了解自己品牌的特色,熟知自己品牌的产品。只有以品牌为基础,结合线上与线下,打造出具有独特定位的实体店,才能在新零售时代求生存。

每一个品牌都有自己不同的定位,LV、香奈儿、爱马仕等都是奢侈品牌的代表,而像国内品牌李宁、鸿星尔克、特步又是运动品牌的代表。对于不同定位的品牌,其实体店也应展现出不同的风格。实体店场景设定的基本原则就是要根据不同的品牌定位,设置不同的场景,营造不同的品牌氛围。

以品牌定位设定实体店场景风格,目前已有品牌正在朝这方面发展。位于美国拉斯维加斯的国际大牌香奈儿便是以这种方式向消费者展示自己的旗舰店。

提到香奈儿，毫无疑问所有人都会想到香水，还有它当之无愧的奢侈形象。对于拉斯维加斯的旗舰店，香奈儿将当地的特色融入了实体店的设计中。这家店主要是以香氛、美妆和太阳镜为主。除了独具特色的场景设计外，最特别的是，这家概念店根据拉斯维加斯的当地特色，提供五类专属主题服务：明星（The Star）、名流（The Jetsetter）、自然（The Natural）、魔术师（The Illusionist）和演奏家（The Performer）。从这五个主题服务的设置，我们就能够看到香奈儿对其品牌的高端定位倾向。高层次的人群或是希望向这方面发展的消费者，可以在香奈儿率先体验过把瘾。消费者可以根据自己的喜好，选择其中一个主题，享受妆容、香氛、太阳镜的整体搭配。

香奈儿的线上服务也受到众多消费者的喜爱。香奈儿中国官方网络购物平台主要包括了美容顾问在线服务、礼盒包装、礼卡定制留言等多样化服务。香奈儿的线上导航也极符合"场景"这一词，他们把导航分为美丽达人、美肤行家、纯粹奢华、绅士气质及色彩迷恋等各种场景和个性搭配。

根据不同的品牌定位设置不同的实体店场景，有利于区分各大品牌，更有利于消费者从中找到归属感。若是香奈儿旗舰店与一般的平价品牌一般无二，这样消费者就不能从中感受到其中的高端形象，也体会不到自身的优越，更无法吸引消费者的关注。

创立于 1970 年的美国商店 Urban Outfitters 在时尚世界提供了一个兼收并蓄和时髦的商品组合。它的目标人群主要是青年一代，为了让自己的每一家实体店都与众不同，Urban Outfitters 对于场景的营造也是煞费苦心。Urban Outfitters 严格执行"与众不同"的场景设置，顾客购物就像一次微型的旅行。

Urban Outfitters 拥有一个公司内部视觉设计部门，该部门的工作就是为每一个零售店提供场景布局创意，使每一个实体店能够每隔两个月便重新装修一次，为消费者提供不同的消费场景，使消费者能够时不时光顾实体店，感受不一样的风格。

在纽约曼哈顿，有一家占地 5300 平方米的 Urban Outfitters 旗舰店。这家旗舰店不把销售作为目标，而是为消费者提供足够有感觉的生活场景，让他们可以享受生活的种种乐趣。除了服装陈列，该旗舰店还有咖啡屋、美发廊、黑胶唱片，以及各种稀奇玩意儿。Urban Outfitters 的首席执行官 Tedford Marlow 称这里是"有文化氛围的商业和社区项目，它讲述的是一个生动的品牌故事"。

新零售的场景化不仅仅是对实体店而言的，线上平台也可发展场景化的布局。吸收实体店的场景化元素，应用于线上平台，加强线上线下的沟通，这不仅仅是一种宣传，更是线上线下的互相引流。虽然Urban Outfitters线下的店铺数量已经越来越多，但为了满足"宅一族"的购物喜好，Urban Outfitters线上商店更像是一个大型的场景社区，为消费者提供了更多的购物选择和更便利的购物方式。凭借线上线下的结合，Urban Outfitters的新零售之路更可能大放光彩。

美国Indie-Rock（独立摇滚）的服饰鼻祖Urban Outfitters用"离经叛道式"真正打造出了适合这个群体的成功场景设置。与那些室内装修一成不变的实体店相比，进入Urban Outfitter才是真正的购物享受。场景化的布置显然能够留住更多顾客的脚步，在激烈的市场竞争上占据一席之地。

五、立体感官氛围营造

在日常生活中，我们是通过视觉、听觉、嗅觉、味觉和触觉这五种不同的感官去感知世界的。在零售业的场景塑造上，我们却长期忽略这五种感官的综合运用。在这五种感官中，只有视觉在零售实践中占有绝对统治地位，听觉、嗅觉、味觉和触觉却被我们有意或无意地忽略了。

利用人体感官的视觉、听觉、嗅觉、味觉与触觉，开展以"色"悦人、以"声"动人、以"味"诱人、以"情"感人，为消费者营造全方位的感官体验，调动消费者的各种感官，提升消费者的购买欲望，是在新零售时代需要特别强调的。

位于上海的K11购物艺术中心,在短短几年内的发展壮大离不开其打造的全方位感官氛围。虽然上海的K11与众多主流购物中心相比体积偏小,但其为消费者打造的感官体验无一不精。消费者在商场停留的时间更长,使得K11有更多的渠道可以和消费者互动。

在视觉方面,充斥于通道、各楼层、商家门口的艺术品使消费者走上几步便可以欣赏到全新的事物。通过专人讲解或是地图指示,消费者在逛街的同时也能够享受到艺术的熏陶。

在听觉方面,K11在每个楼层都安装了音乐系统,配合不同的品牌业态,播放不同的声音。比如在国际品牌的一楼,消费者听到的是西方经典音乐;在年轻化商品的楼层,可能是欢快的流行音乐;在餐饮楼层,消费者能听到有助于胃口大开的音乐。

在嗅觉方面,K11通过调查发现女性比较偏好香草味,据此K11将香草味作为自己的专属味道。

在味觉方面,K11引进的都是全球第一次进入中国的全新餐饮品牌,力求在味蕾上给消费者带来不一样的感受。

在触觉方面,K11有很多艺术品是互动形式的,鼓励消费者和艺术品进行亲密接触。

上海K11购物艺术中心如图3所示。

图 3　上海 K11

K11 从消费者感官的五个方面倾力打造，为消费者营造出一个全方位的感官体验，使消费者久久不愿离去，以场景化的布局增强了消费者各方面的体验。也有许多实体店以五种感官中的一点或是几点为重点，打造自己独有的特色。

上海的紫外光感官餐厅也是从各个感官打动消费者内心

的典型，如图4所示。餐厅被360度的视频墙环绕，沉浸在环绕立体音响和高科技吊灯中，更像是一个电影院。蜡烛的图像在墙上闪耀，钟声和天使的圣歌弥漫在整个房间。

伴随着歌曲"地域钟鸣"响彻整个房间，服务生将碗摆在十位用餐者座位前洁白的餐桌上。碗里有一个让人联想到圣餐饼的绿色圆盘，悬浮在一个银刺上，被上面绿色的反光灯照得闪亮。吃鱼和薯条这道菜时，一幅凄凉的暴风雨画面出现在背景墙上。雷声之后，英国国旗照射在桌面上，甲壳虫乐队的"Ob-La-Di, Ob-La-Da"开始响起。上蒸龙虾这道菜的时候，用餐者仿佛被带到了海边，被海浪环绕着，听着海鸥的叫声，晚宴的主人捧着蒸气中带有海水味儿的炊具在房间踱步。

图4 上海紫外光感官餐厅

这个餐厅从视觉、听觉、嗅觉、味觉入手，为顾客打造用餐时的全方位感官互动，使每一道菜都显得更为诱人。用一次餐，便能体验多个场景，在美景、音乐、香味中享受食物的味道在味蕾上的迸发，各个感官并用，共同享受在这个餐厅时的美好时光。

2011年11月25日，方所书店在广州太古汇商场爱马仕店的旁边开业。该店占地1800平方米，集书店、美学生活、咖啡、展览空间与服饰时尚等混业经营为一体。方所书店与许多书店相似，同时兼有文具、服饰、摆设等商品，但是方所书店用以吸引人流的是其门店特有的场景体验空间。

该书店的创始人毛继鸿表示，他开的书店远不止单纯地将空间放在一起，将各品类产品陈列上架那么简单。他会给那些走美学生活路线的店员上陈列课，他认为陈列的人需要懂心理学、伦理学、行为学、社会学等所有和人有关系的知识，因为生意需要触动顾客的心。

方所书店从视觉、触觉方面为消费者提供了感官体验，并且对于不同的地域采用不同的场景布局，为消费者营造了极大的新鲜感，不再是一成不变的书店格局。

对于五种感官中占据绝大多数信息的视觉，相信许多商家都不会放过，但对其他四种感官的重视程度却远远不如视觉。不过我们要知道，任何一方面的新奇感官体验都有可能触发消费者的购买欲望。注重发展全方位的感官营造，会成为商家在新零售时代的发展重点。

与其说用五种感官刺激塑造新零售的场景，不如说是全方位地提供良好的体验给消费者。人原本就是从视觉、听觉、嗅觉、味觉与触觉来建构对世界的感知。在信息超载、时间缺乏的时代，情绪、认知或符号性价值成为更有意义的体验点。如果消费者在仔细评估不同的零售店时发现它们看起来几乎是相同的，那么商家所面临的就是价格战，价格是唯一的竞争武器。

当新零售建立以感官体验为中心的场景塑造方式，那么它会密切关注消费者的个人特征、生活方式、情绪特点、心理特征等，表达对消费者的关心，与他们感同身受。这一点恰恰是消费者最为需要的，如果能做到，消费者不只是购买，甚至会感激。零售企业不只是提供商品或服务，而是提供最终的感官体验。这种方式充满了感性的力量，可以给顾客留下难忘的愉悦记忆。

六、场景下的情感互动

情感交流是消费者社会需求的一种表现。自互联网诞生以来，人们与机器的交流越来越多，而机器是没有情感的。实际上，现在有越来越多的人已经感觉到在与人情感交流上的不足和缺陷。随着消费升级，消费者在消费过程中已不再简简单单地只要拿到商品就可以了，他们内心其实更想要收获一种情感的互动。纯电商有价格的优势，但是它缺少这种情感互动。因为人是有情感的，而新零售的场景塑造就是要重塑情感互动。

情感互动，不仅能够向消费者传递企业的价值观，而且可以触摸到消费者更加真实的消费心理，全面了解他们的消费痛点。零售商从消费者的情感诉求出发，在场景塑造上注重情感互动，更容易引起消费者的共鸣。以心底的那一份触动展开商家与消费者之间的互动，能够增强商家与消费者的联系。

在情感互动方面，我们不妨看看迪士尼的例子。2014年第二季度，迪士尼集团首次在美国加州华特迪士尼世界度假区启用魔幻手环（My Magic+）。每一位进入迪士尼的顾客都能够获得一只魔幻手环。通过手环感应，顾客能够办理酒店入住、在园区内购物消费。通过手环的射频识别功能，将顾客的信用卡、酒店房卡、门票等信息绑定，不再需要各种烦琐的程序。只要魔幻手环在手，顾客便可以方便地办理各种预约登记。

魔幻手环的使用在很大程度上便利了游客，只要手环在手，一切都可以搞定。更让人觉得有趣的是，这个魔幻手环能够储存每一位游客的个人资料。米老鼠或迪士尼园内人物在与消费者靠近或拥抱时，能够通过手环感应顾客，知道游客的名字。如果刚好是顾客生日，不需要游客主动告知，米老鼠还可以献唱一首生日快乐歌，给游客带来意外的惊喜。

通过感应手环能够了解消费者的信息，在游玩过程中突然有人能够叫出自己的名字，是不是会更惊喜？魔幻手环帮助迪士尼与顾客进行了更好的情感交流，顾客能够从中获得归属感。

魔幻手环便捷了消费者的入园游玩，能够为消费者带来便捷的服务，更重要的是通过感应消费者的信息，工作人员能够更为顺利地与顾客交流，与顾客进行一种情感交互，使顾客能够在园内体验家人般的温暖。以往，小朋友站在一台机器面前跟隐藏在摄像头后面的工作人员互动，工作人员还需要询问小朋友叫什么名字。现在不需要这个流程，工作人员立马就能叫出小朋友的名字，甚至知道小朋友的一些基本的习惯和爱好，给小朋友们带来神奇体验。

情感的互动，不仅仅是品牌与消费者之间的互动，也可以是消费者与消费者之间的互动。我们知道星巴克的许多门店都摆放了一种长方形的桌子，但是星巴克为什么这么做呢？

这种桌子设计来自国外的一位设计师。在星巴克门店观察消费者对这种桌子设计的体验时，这位设计师看到两位坐在桌边各自操作计算机，埋头工作的人。过了一段时间，原本不认识的两个人竟然互相攀谈起来。这种桌子的设计有利于人们进行沟通交流，在消费的过程中也能收获友谊，满足消费者的社会需求，强化了情感的交流。

星巴克建立了"官方网站+网络社区+社交媒体"三者紧密结合的互动模式。星巴克通过Facebook、Twitter等社交媒体网络，与顾客互动，分享星巴克的相关信息，还不忘分享与转发消费者可能会感兴趣的内容。在星巴克的"My Starbucks Idea"平台上，顾客可以针对星巴克的问题进行留言，对星巴克的产品进行评论。这也帮助星巴克获得更多消费者的意见，有利于星巴克融入顾客群体中去。

无论是在线上还是线下，星巴克都致力于将最好的服务提供给顾客，处处为顾客考虑。这种品牌与顾客之间的情感互动提供了顾客的消费体验，增强了顾客的满意度，更为星巴克留住了许多忠诚客户。

在如今互联网如此发达的社会中，消费者在网络中或多或少都会留下信息，而这些信息正是零售商与消费者能够进行情感互动的关键所在。了解消费者的信息，在生日之际奉上一份礼物，在节日之时道上一句祝贺，尽力满足消费者的偏好需求，能够让消费者对零售商产生一种情感的归属，增强情感联系。

在激烈的市场竞争环境中，良好的情感交流能获取消费者的充分信任，增强消费者的场景体验。这必将是未来新零售业健康发展的必经之路。

七、实体店场景新物种

线上线下的结合，实体店的场景化发展成为新零售的发展趋势。在新零售的要求之下，实体店该如何重新营造场景，实现从传统到新物种的进化呢？下面来看一看体育运动品牌中的佼佼者，阿迪达斯和耐克的实体店进化之路。

2016年12月1日，阿迪达斯纽约第五大道旗舰店开业。这座四层楼高的旗舰店占地面积约4180平方米，是阿迪达斯目前在全球规模最大的门店。在旗舰店的布局方面，以美国的高中体育馆为设计范本，试衣间仿照学校更衣室。实体店的通道式入口、体育馆风格的照明等各种设计，都是为了营造一种置身于体育场一般的特别氛围。尽管内部带有一座电梯，但是阿迪达斯更鼓励顾客从楼梯上下不同的楼层，以复制真正的体育场馆的感觉。

门店的内部分别为男性顾客和女性顾客开辟出了不同的空间，其中女性商品位于第三层。女性商品销售区还有一处迷你跑道，可供消费者实地试鞋，以确保产品符合要求，舒适程度能达到消费者的满意。男性商品位于第一、第二层，这里有定制球衣的打印商店，还有可以进行步态分析的跑步机等设施。在这里消费者还可以看到足球、篮球等不同的户外运动产品、艺术作品、健身营养书籍等。第四层则是Adidas Originals（经典系列）和Youth Athlete（青少年系列）。

全方位的购物享受是阿迪达斯为消费者创造的全面购物场景。

在阿迪达斯纽约旗舰店开业之前，位于 Soho 区百老汇大街的耐克纽约旗舰店早在同年的 11 月 11 日正式营业，力图为顾客提供耐克"最好的个性化服务（NIKEiD），创建一个数字和实体店平台的无缝连接"。耐克全球总裁 Heidi O'Neill 表示，耐克正在领导体育零售的转型，与其说这是一个耐克的零售店，不如说它更像是一个运动体验店。

耐克在该门店一楼的跑步机配备了 180 度的 Led 屏幕，跑步者可以选择运行不同的环境来测试鞋。比如在这台跑步机上顾客可以体验一下"在 90 秒内穿过中央公园"的感觉，如图 5 所示。

图 5 真实环境跑步测试

在该门店的五楼有篮球爱好者天堂，里面搭设了一个半场的室内篮球场（Nike+ Basketball Trial Zone），里面的篮球架可以调节高度。场地周围是高清电视，投影着城市篮球场的图像。这些电视和投影可以模拟现实环境，让消费者觉得是在纽约布鲁克林大桥公园的球场打球。

耐克以消费者体验为重心，运用了诸多科技装置打造了全新的实体店，在更具场景化的环境中提供产品。当然耐克也不忘发展线上的服务，其线上平台设置了男子、女子、男孩、女孩与专属定制平台。以这种线上与线下结合的方式，耐克打破了传统的实体店发展模式。

作为行业的领军品牌，阿迪达斯和耐克实体店的进化无一不体现了他们注重场景感这一理念。根据品牌自身的定位设计门店，以更为场景化的布局为消费者提供更好的体验感。阿迪达斯和耐克的新场景实体店提供了新零售时代的样本。

2017年7月，同样在纽约开业的OFF WHITE，也提供给了新零售门店场景塑造的一个样本。OFF WHITE将绿色树木植物用于店铺装修中，扑面而来的是一种接近自然的文艺范和工业风的衣架和货柜毫无违和感。原本学习建筑学的设计师Virgil Abloh将空间布置有假树和鸟声装置，与彩色铁架和灰白墙面形成碰撞，如图6所示。OFF WHITE处处表现出其独有的先锋实验理念，希望能为年轻的艺术家提供一个交流平台，并能给顾客带来前所未有的购物体验。

之后，OFF-WHITE x Nike 联名系列也在 2017 年 9 月于纽约华尔街 23 号开业。

图 6　OFF WHITE 纽约店的场景塑造

为消费者提供全方位的情感互动，根据零售店的自我定位打造场景化的购物环境，必将成为新时代零售的发展方向。未来越来越多的商家会把真正核心的技术放在实体店里，通过营造良好的场景满足顾客感官上的需求，购物不再是单纯地买到商品，而是更加美好的身心体验。

海尔董事局主席张瑞敏认为，后电商时代一定是场景商务。他认为，物联网这个概念从在国际上提出来到今天已经有十来年了，可是到现在还没有引爆，原因在于还没有很好的应用场景。但是越来越多的技术手段，使得新零售需要的场景搭建越来越容易，思路已经越来越清晰化，必然推动零售场景化的到来。

第三章

新零售的智能化

数据和智能技术成为驱动零售变革的核心元素,以亚马逊智能商店为代表的新实体店正在展现雏形。未来新零售将在数据的驱动下,实现产品和服务的精准化。新零售利用线上线下数据的打通和协同,让理论上早就提出的精准客户管理成为可能。

科技发展日新月异，各种智能系统已被应用于各行各业，零售业的智能化发展也是必然之势。零售行业实现智能化，在了解消费者偏好、掌握市场需求、精准营销等环节中都将发挥重要的作用。

融合了线上线下，新零售时代的零售商除了在场景布置上与传统实体店有极大的不同，还在极大程度上使用了智能设备。商家需要将智能技术应用于为消费者的服务中，做到精准客户关系管理，对顾客、商品、供应链进行智能化优化。新零售店将融合数据、云、智能演示等技术，成为连接线上线下的一个信息入口和信任入口。

一、亚马逊的智能化新店

尽管电商对实体店构成了巨大的冲击，迫使很多店铺扫地关门，但实体店的重新崛起也不是没有机会。只不过，新实体店绝不是重新打开传统店面迎客,而是需要运用新技术给顾客带来新体验,弥补电商的天生缺陷。

过去的几年中,不少实体店在电商企业强烈的攻势之下纷纷缴械投降。当人们觉得电商发展态势一片大好之际,各大电商又纷纷开起了实体店,这其中就包括全球最负盛名的电商企业亚马逊。

2016年12月5日,亚马逊宣布推出革命性线下实体商店,在西雅图开张了一家名为Amazon Go的实体店,如图1所示。该零售店主要售卖即食食品和生鲜,是第一家充分利用物联网将人、商品和场景连接起来的产业互联网平台。在Amazon Go,亚马逊基于大数据与多项人工智能技术在极大程度上满足了消费者便捷的购物需求。消费者只需进行简单的进入商店、挑选商品、离开商店,不用在排队上耗费太多的时间,实现了服务的优化。

以人工智能为基础,亚马逊在该店使用了三项关键的基础:计算机视觉、感应器整合、深度学习。在这三项技术的帮助下,Amazon Go颠覆了传统便利店、超市的运营模式,彻底跳过传统收银结账的过程。在店内的智能化设备可以识别顾客的动作、商品和商品位置,彻底实现了其宣传语中所说的"No Lines, No Checkout(无须排队,无须结账)"的特色。

顾客只需下载Amazon Go的APP,在商店入口扫描一下二维码便可进入商店开始购物。通过分析顾客的有效购物行为，锁定顾客与所选商品，无须排队支付，消费者便可以直接拿着采购的商品出门。因为 Amazon Go 的 APP 绑定了信用卡支付，可以直接完成自动扣款，无须更多复杂的程序。

图 1 位于西雅图的第一家 Amazon Go 门店

Amazon Go 究竟是怎样完成顾客的购物识别的？这就要说到亚马逊曾在 2013 年和 2014 年提交的两份专利文件。这两个专利分别为"侦测物体互动和移动""物品从置物设备上的转移"，这两项专利为 Amazon Go 的顺利营业做了技术铺垫。

Amazon Go 店内装有各种摄像头，如 RGB 摄像头和深度感知摄像头。除此之外还有各种传感器，如压力传感器、红外传感器、体积位移传感器等，这些设备可用于感知商品的移出和进入等各种信息。通过计算机视觉技术，能够更好地定位识别出顾客，同时通过智能手机等移动设备进行顾客侦测。在商品与顾客的匹配上，亚马逊先利用其20亿名用户账户的大数据，分析顾客的购物偏好，深度学习消费者，预判消费者会选择的商品。再通过传感器、摄像头的配合，商品一旦被拿走，就可以定位到最近的顾客，关联该商品。通过这些智能技术将顾客与消费者进行识别绑定，Amazon Go就可以结合线上与线下各项技术，突破了传统零售店的消费限制。

作为新零售时代的实体店之一，Amazon Go 的智能技术应用只是一小部分。新零售时代实体店的智能化必将成为其区别于传统零售业的一大特点。

在新零售智能化方面，中国企业也不甘落后。在这方面，比较典型的是专卖新鲜水果的智能便利店缤果盒子（Bingo Box），他们致力于在一、二线城市的高端社区和商务园区内打造可以实现全自动化购物体验的无人值守便利店。

缤果盒子是集无人值守的生鲜便利店和电商自提柜于一身的智能空间，从选购、下单、付款、取货全程由消费者自由操控。设备背后是基于高频段无线射频感应商品技术，用户只需将商品放到结算台附近即可完成自动识别，无须扫描便可以实现移动或银联系统支付。

人工智能技术确保了缤果盒子的顺利运营。在缤果盒子中，计算机视觉识别技术能够快速识别顾客身份。每一件商品都有特定的 RFID 标签，通过机器识别，可以快速区分商品种类及是否已被支付，不必担心出现顾客未付款将商品拿走的情况，内部设备能够立即识别未付款的商品并发出警报。无须销售人员、柜台等，10 多平方米的缤果盒子相当于传统便利店 40 平方米的运营效率，且成本不到传统便利店的一半。

2017 年 7 月，缤果盒子宣布完成 A 轮系列融资，融资额超过 1 亿元人民币。该轮融资由 GGV 纪源资本领投，启明创投、源码资本、银泰资本等机构共同参与投资。2017 年 9 月底，缤果盒子已经开始进行规模化的落地尝试，158 个"盒子"已经进入了 22 个城市。

不过对于缤果盒子的无人化，我们并不认为这是最重要的，关键还是要看能否给消费者提供更好的体验。商业的首要原则就是给客户创造价值，所谓"无价值，不企业"。那么，无人便利店是给顾客增加了价值，还是只是单方面给企业增加了价值呢？如果进店要开一个 APP、遇到问题要自己搞定、机器坏了要自己报修等，这种无人店的意义何在呢？很多智能化便利店，其实搞错了方向，一心用在节约成本和收集用户数据。店员其实不是成本，便利店里的人是连接商品与顾客的柔性纽带，他们不是管理货品，而是在管理顾客和连接顾客。因此，如果缤果盒子只是在无人化上做文章，而不是把增加顾客价值作为出发点，可能也就是昙花一现，热闹一时。

毫无疑问，智能化一定会促进新零售业的全新发展。智能设备的支持使新零售实体店不再简单，消费者的体验升级、满意度提高，商家的人工减少、服务升级，无一不体现了智能化的新零售时代所带来的便利。

二、智能化下的体验升级

京东 CEO 刘强东提出了"第四次零售革命"和"智能零售"的概念，并且他预言未来"物联网＋智能"将会在零售业供应端发力，而零售业的基础依旧是成本、效率和体验。智能零售的协同建立在感知、互联和智能三大技术基础上，通过零售基础设施的可塑化、智能化和协同化，实现零售的"无界"和"精准"。零售智能化不仅能够便捷消费者，还能极大程度优化消费者的体验，更好、更个性化地满足消费者需求，优化购物流程。

作为零售智能化的基础设施，Wi-Fi 已被越来越多的商家重视。在消费中使用 Wi-Fi 方面，根据 CNNIC 数据显示，截至 2016 年 12 月，手机上网人群占比从 2015 年的 90.1% 上升至 95.1%。通过 Wi-Fi 接入互联网的比例也一直在上升，

2013年手机Wi-Fi的打开率在30%左右,而到了2014年打开率已经攀升到70%～80%。截至2015年12月,通过Wi-Fi无线网络接入互联网的比例是91.8%。智能手机的普及和Wi-Fi的广泛应用使得通过Wi-Fi技术来统计、分析顾客信息,为顾客提供服务变得可行。

现代人已经越来越离不开Wi-Fi,许多人到一个新的地方,首先要做的就是看这个地方信号如何,有没有Wi-Fi。Wi-Fi使用如此之广,利用Wi-Fi系统为消费者提供购物服务,推送购物信息,便捷购物流程,升级购物体验越发显得符合实际需求。新零售时代的零售商会充分利用Wi-Fi作为联结的基础,为消费者提供更为优质的消费环境。

在新零售时代的实体店中,各大商家都会在门店中布置Wi-Fi感知设备。消费者进入该实体店并使用Wi-Fi时,商家就能够感知到该顾客,从而锁定顾客。由此,商家可以实现对该顾客的到访时间、到访频率、停留时间等数据进行跟踪与收集。通过收集这些数据,商家能够对消费者进行相应的分类,并相应地对这些消费者进行营销信息推送,让这些消费者得到更具个性化的服务。

Wi-Fi系统的另一功能是为消费者提供定位。一般消费者进入实体店后,就可以免费享用商家提供的Wi-Fi。商家可以借助Wi-Fi,开通室内定位购物导航系统,而消费者可以通过该系统得到实体店的地图。通过输入购物货架或柜台，系统能够为消费者生成购物导航，直接找到商品所在的目的地。

Wi-Fi 系统还能够为零售商家提供客流分析。在免费 Wi-Fi 的使用过程中，消费者会留下轨迹信息。此时商家便可以通过 Wi-Fi 定位技术、Retail 云平台技术等获得相应的信息。根据得到的顾客信息，商家可以及时做出分时段客流量、平均驻店时长、入店比率、新老客户比率、对不同商品关注度等指标在内的分析报表。这些报表能为商家优化自有品牌产品/服务的开发部署，有利于商家开展有针对性的优惠促销活动。

除了广泛应用的 Wi-Fi 系统帮助商家提升消费者购物体验外，一些企业也积极自主研发智能产品，以升级消费者的消费体验。

2014 年 9 月，在百度世界大会上第一次亮相了一个名为"百度眼（BaiduEye）"的智能产品，它是由百度研究院深度学习实验室主导开发的智能可穿戴产品。百度眼通过对用户第一视角的信息进行图像分析，结合大数据分析，连通线上与线下的技术服务，就能够为用户提供更多实物信息及相关服务。

例如，佩戴了百度眼的消费者只需要在零售商店用手指在空中对着某个商品画个圈，或拿起该物品，抑或是视线关注某个物品并停留，百度眼就可以识别该商品信息，并进行识别和分析处理。

在 2017 年 5 月的 I/O 开发者大会上,Google 发布了智能设备 Google Lens。它能够实时分析图像并迅速共享信息,根据图片识别物体并进行相关的交互。另外,Google Lens 还可以自动读取 Wi-Fi 账号和密码,自动登录互联网。通过扫描商店外观,用户还能够得到该零售商店的信息与评论。

Google 在此次大会上还推出了全新的 VR 和 AR 设备。不需要线缆或是计算机,Google 的 Standalone VR 只需要很简单的一个步骤,两秒钟就可以看到 VR 景象。如果零售门店安装上这个装置,能够更加精确地追踪用户的动作,使用户体验感更为真实。在未来零售店的发展中,这些智能设备一定能发挥极大的作用。

将智能产品应用于实体店,法国的丝芙兰(Sephora)做了一些尝试。在小小的 100 平方米空间内,丝芙兰容纳了 14000 件商品。一进门,顾客就会受到一个小机器人的热情款待,它会向顾客介绍如何使用店内的智能设备。带着丝芙兰提供的数字卡片 NFC,消费者就可以进行购物了。相当于一个虚拟购物篮,这张卡片会记录下一切购买的商品。没有收银台,消费者只要来到一个电子显示屏前就能像网购一样付款下单,而从升级了消费者的购物体验。

通过运用智能设备,商家为消费者提供了更便捷、有效、舒适的购物流程,也能获取到更多的消费者信息,在新零售时代建立与消费者的良好联系。新零售的智能化不仅是服务于商家，更为重要的是为消费者提供更高的购物体验。我们千万要记住一点，新零售的智能化不是给商家提供便捷，而是为消费者提供便捷。如果这个顺序搞反了，新零售升级就是走了反方向。

三、从数据收集到数据驱动

数据是促进零售业智能发展的重要因素，无论是商品数据还是顾客的信息数据，这些在过去需要人力付出大量劳动的数据收集，在现在的科技驱动下都显得尤为简便。

在过去，零售商对数据的利用远远不够，只是简单把数据收集好，做一些简单的商品分析、顾客分析。在新零售时代，商家以数据为出发点，从整体上用数据来驱动零售业发展。

在各种智能识别技术出现之前，零售商的数据收集工作一直是依靠条形码来实现的。条码技术最早出现在20世纪40年代，当时美国两位工程师乔·伍德兰德（Joe Wood Land）和伯尼·西尔沃（Berny Silver）研究如何用条码标识信息，并于1949年获得世界上第一个条码专利。虽然条码专利很早就出现，但是直到20世纪70年代左右，条形码才真正得到实际的应用和发展。

随着科学技术的发展，RFID技术开始逐渐取代条形码，成为智能时代的识别技术。RFID即射频识别技术（Radio Frequency Identification），又称无线射频识别，是一种通信技术。只需要通过无线电信号识别特定目标便能够读取相关数据，识别工作无须人工干预，可在各种恶劣环境中工作。

2004年，全球最大的零售商沃尔玛公司要求其前100家供应商，在2005年1月之前向其配送中心发送货盘和包装箱时使用RFID技术，同时在公司总部建立起庞大的数据中心。2006年1月前，沃尔玛在单件商品中投入使用该技术。

引入RFID标签使沃尔玛的供应链效率得到进一步提升。原先零售店面中需要耗费数小时才能完成的商品核查，现在只要短短30分钟就能完成。通过RFID技术，沃尔玛库存成本得到极大地降低，因此，每年能够节省83.5亿美元的预算。

在"沃尔玛效应"影响下，各大实体店开始纷纷使用RFID技术，这一技术也在多方面优化了实体店的管理和运营。

首先，零售商店可以使用RFID智能货架提升商品追踪、盘点、促销和服务水平。通过RFID标签，商品在到达实体店时，员工就可以通过读取外包装上的标签信息，得知包装箱内所有商品存量信息、缺货信息及生产商、保质期等信息。在货物被放入或是取出仓库时，根据安装在门口的读取器所获得的信息，后台数据系统会自动更新库存商品的信息。这样一来，每一件商品的出、入库情况都能够被直接自动更新，无须人工进行操作就可自动完成对货品的清点，既省时，又省力。

其次，RFID 系统能够助力零售店铺的智能化。RFID 技术实现的店内智能导购，一方面可以为顾客提供更多优惠促销信息；另一方面当顾客接近智能导购机时，系统就会显示顾客曾购买的衣服记录和当季服饰推荐。顾客只要在屏幕上选择自己喜欢的衣物，工作人员便可以根据消费者选择的信息将商品放到他们方便取货的地方，使购物体验得到质的提升。

最后，RFID 技术作为一种顾客数据收集的工具，商家还能为顾客制作电子标签，将顾客的各种个人信息及消费记录存于该标签中。如果顾客携带该标签卡，只要一进入零售店，门口放置的读取器便能够直接读取，使店员能够根据这些信息为消费者提供更专业、个性化的服务。通过这一标签，商家还能够将新产品、新服务等信息传输给消费者，吸引消费者二次、多次光顾。

美国芝加哥伊利诺伊州的 Shop With Me 商店就充分使用了 RFID 这种技术，实现智能化运营。该店内设有一面由 900 个 7 寸屏幕组成的像素墙，形成一个一个小型电动伸缩货架。Shop With Me 门店外观如图 2 所示。

由于该商店的货架上所有商品均有 RFID 标签，一旦商品被拿走时，系统便会感应到。当消费者拿着所选商品靠近像素墙时，上面便会直接显示出该商品的相关信息。

图 2　美国街头的 Shop With Me 门店外观

RFID 以其识别与数据收集功能获得了众多实体店的青睐，在解放更多人力资本的同时也为消费者提供个性化服务。RFID 并不是唯一数据收集技术，这两年演变而来的近场通信（Near Field Communication，NFC）技术未来也许会为新零售带来更大的应用空间。

NFC 技术是由非接触式射频识别及互联互通技术整合演变而来，在单一芯片上结合感应式读卡器、感应式卡片和点对点的功能，能在短距离内与兼容设备进行识别和数据交换。NFC 技术可适用于很多场景，如进场支付、公交卡、门禁卡、车票门票、文件传输、电子名片、游戏配对等。

NFC 的主要目标是解决需要亲临现场的身份确认问题。有源 RFID 的读写距离可达到 1.83 米，然而无源 NFC 标签的读写范围仅为几厘米。这样就保证了顾客只能收到近距离的有效商品推送信息，而却能屏蔽掉很多无效的垃圾促销信息。

尽管 NFC 未来发展前景很好，但是目前在国内的应用情况并不乐观，还需要一定的时间。NFC 技术目前在国内还面临基础设施不完善的问题，还没有找到一套可循环的商业解决方案。另外，由于支付宝和微信不需要硬件的支持，因此，显得相对方便，也培育了大量用户的支付习惯，所以，对这项技术造成了很大冲击。

利用智能技术，新零售时代的商家能够更好地收集商品及消费者的信息，从而有效完成针对消费者的定制个性化服务。对于商家而言，他们可以通过智能感应设备更好地管理商品信息，实现运营的便捷、精确。商家通过这些智能化的设备收集到的各种商品和消费者数据，从而实现智能化驱动零售商品的销售。

四、数据驱动商品销售

据 IBM 一项关于大数据的调查显示，那些数据驱动型公司的表现比它们的同行要高出 220%。基于数据支持零售店运营是新零售时代的一大特色。无论是分析客户信息、客户洞察、商品优化、精准营销、供应链优化、服务优化，都离不开数据的支持，利用数据驱动零售业的发展是新主题。

首先，数据支持能够帮助零售业在市场中精确定位。利用数据可以分析出零售业的市场构成、细分市场特征、消费者需求和竞争者状况等众多因素。通过分析结果进行零售企业定位能够更具个性，区别于其他企业。

其次，数据是零售业营销的一大利器。通过数据并加以统计分析，商家能够更理性地把握市场动态、竞争者商情，分析自身在市场中所处的地位。通过挖掘零售行业消费者的数据，有利于商家分析消费者的购买偏好与价值趋向，为发展忠诚客户做准备。

最后，数据还可以为零售业的新产品开发提供支持。网络中有很多网友对产品的点评，商家可以通过收集这些点评，建立大数据库，进而分析消费者对各类零售商品的看法，从评论中了解消费者的需求与产品所有的问题，进而为未来的新品类引入做准备。

阿里巴巴的素型生活零售店就在很大程度上利用数据来驱动销售。2016年9月，阿里巴巴的素型生活全球首家"O+O新零售跨界集合店"正式开业，如图3所示。开业当天的销售业绩就实现了平日的4.5倍。

图3　素型生活门店

素型生活是阿里巴巴联合广州素型科技进行的新零售试验,旨在打通线上线下,建立新零售品牌池(淘品牌)。同时,线下零售商从品牌池中挑选合作品牌,利用阿里巴巴"商品资源+大数据"分析,实现商家"商品+供应链+会员管理+支付"等环节打通,建立"品类跨界+内容立体+复合陈列"的实体店,实现线上线下时时同款同价。

有了阿里巴巴大数据的支持后,素型生活在经营上获得了很多、很好的解决方案。

从选品上,素型生活能够实现大量商品的精准化筛选。借助阿里巴巴大数据背景,分析某些区域最受欢迎的品牌、款式等,素型生活能够从品牌池中挑选出最为合适的商品分发给各店铺。通过这种方式,素型生活能够在极大程度上降低库存、提高资金周转率。

通过这种选品方式,素型生活的供应链明显缩短。以前至少需要9个月的订货时间,现在素型生活仅用1个月便能够完成。并且在一个较短期的时间内,商家能够对当季流行趋势进行更为准确的预判,实时调整各商品的预订量,与线上海量产品形成对抗之力。阿里巴巴大数据的支持使素型生活能够加速上新,实现"款多量少"式订货。

通过从选品、供应链反应、资金周转、支付下单等方面,配合阿里巴巴大数据和智能技术的支持,素型生活的整体商品流通速度都得到了提升。并且通过数据支持的区域选品,每一家店铺都不会一模一样，打破了千店一面的购物环境。

截至2017年9月，我们通过官网发现素型生活已经在全国开了12家店。不过整体企业的动态在2016年年底已经停止更新，但是淘宝的官方页面还是正常营业。至于素型生活最后会走向何处，暂时还无法做出判断。

除了素型生活，其他零售商也开始利用大数据驱动零售。2015年屈臣氏把旗下欧洲零售品牌作为试点，引入Rubikloud的机器学习程序试水零售大数据。2017年2月，屈臣氏正式宣布与加拿大初创企业Rubikloud合作，称未来三年内将投资约5.4亿港元，把大数据科技应用于零售业务，辅以机器学习及数据图像化程序，进一步完善顾客体验及营运效率。

作为实体店的典型代表，7-11不仅是一家便利店，也是一家大数据公司。当商家加盟7-11的时候，它会给你提供三项数据当作开店的参考，分别是立地数据、设施数据和长期数据。立地数据是指调查各门店周边，半径350米，走路5分钟以内的家庭数量，如果有商户的话，还会调查商户的员工人数；设施数据，主要了解门店周边有没有学校或者医院之类的设施，这对于日常订货的预估能提供一定的帮助；长期数据是说，7-11会根据过去的数据，呈现出有关趋势的数据。

传统的实体零售店最大的痛点是不能有效收集、监控消费者行为，无法精细化运营，但通过数据的收集和分析，可以进行精准的商品推送、关联，通过大数据检测用户的购买行为，优化销售方案。在新零售时代，商家要学会合理利用智能技术收集数据，并将数据应用于实际的销售服务，在优化自身的同时也为消费者提供优良的服务。

五、基于地理位置的零售

在新零售时代，当消费者步入某一零售店的商业半径，移动设备就会收到商家为消费者提供的商品信息。行至某个品牌卖场，消费者即可看到其他顾客对该品牌商品的评价和热议话题。这种基于地理位置的营销能够使零售商的宣传更为精确，消费者也能获得更有效的信息，达到精准营销的目的。

当然，基于位置的地理营销离不开智能技术的支持。LBS（Location Based Service）营销是零售商借助互联网或无线网络，在固定用户或移动用户之间，完成定位和服务销售的一种方式。

关于 LBS 技术的发展来历，有一种说法。1993 年 11 月，美国一个叫作詹尼弗·库恩的女孩遭绑架之后被杀害。在这个过程中，库恩用手机拨打了 911 电话，但是 911 呼救中心无法通过手机信号确定她的位置。这个事件导致美国的 FCC

（美国通信委员会）在1996年推出了一个行政性命令E911，要求强制性构建一个公众安全网络，即无论在任何时间和地点，都能通过无线信号追踪到用户的位置。从某种意义上来说，是E911促使移动运营商投入大量的资金和力量来研究位置服务，从而催生了LBS市场。

在我国，武汉大学李德仁院士早在2002年就提出了开展空间信息与移动通信集成应用的研究，推动了我国LBS的应用发展。在短短10年间，LBS技术研究与应用在我国得到迅速发展。2006年，互联网地图的出现加速了我国LBS产业的发展。众多地图厂商、软件厂商相继开发了一系列在线的LBS终端软件产品。此后，伴随着无线技术和硬件设施得到完善，LBS行业在国内迎来一个爆发增长期。

LBS包括两层含义：首先是确定移动设备或用户所在的地理位置；其次是提供与位置相关的各类信息服务。LBS通过电信移动运营商的无线电通信网络（如GSM网、CDMA网）或外部定位方式（如GPS）获取移动终端用户的位置信息（地理坐标或大地坐标），在地理信息系统平台的支持下，为用户提供相应服务的一种增值业务。

相较于传统零售的营销方式，新零售的LBS营销有极大优势。首先是营销信息投放的精确性。基于消费者所在的位置，将特定的信息发送给消费者，能够更为精确地与一些潜在顾客取得联系。实体店就在附近，在商家发送信息后，有些原本不知道该店的消费者也有可能被吸引至该店。既然门店近在咫尺，何不进去逛逛。这比传统的电视广告、网络广告等都显得更有针对性。

LBS的另一大优势便是互动性强。在传统媒体发布信息，商家根本无法得知到底有多少消费者能够看到信息，都有哪些消费者看到了这些信息。在消费者看到信息想要联系商家时还需要记下商家的电话、地址等信息。通过LBS营销发送信息，商家可以清楚地根据后台数据了解自己的宣传推广程度。若是消费者对信息感兴趣，可以直接进入门店看看。简单方便，不用太多的时间和精力便可以了解一家实体店。

对于商家而言，LBS营销的操作也并不复杂。由于这些业务都是在互联网上进行的，商家耗费的时间大多在信息的制作与发布上，不用过多的时间成本。针对不同的消费者群体，商家可以选择发送不同的信息，使商家与消费者的沟通达到最优水平。简单的制作与发布，为商家节省了原本要花费在传统媒体上的许多成本。

零售商LBS的应用当然也离不开与线上数据的结合。通过线上数据的整合，商家可以快速简便地对用户信息进行统计与分析，而收集得到的线下数据如用户行走路线、位置驻足时间等信息，商家可以进一步用于分析消费者的偏好。若是某消费者在逛商场时在某一品牌摆放处停留的时间较长，则表明该客户对该品牌有一定的倾向性。综合线上线下的数据分析，商家可以更精确地分析得到消费者的偏好信息，此类信息在后续的精准营销过程中能够发挥极大的作用。

通过 LBS 技术促进消费者的实体店消费而获得了顾客满意后，在未来产品的购买中，顾客极有可能在电子商务平台实现线上的第二次消费，从而实现从线下向线上的引流。而通过线上的数据向消费者推送营销信息，也可以使消费者的线上购物转向线下。

在具体的技术应用方面，苹果公司开发的 iBeacon 已经走出了实质性的一步。该技术是苹果公司开发的一种通过低功耗蓝牙技术进行精确的微定位技术，基于这种技术的设备可以接收一定范围由其他 iBeacon 发出来的信号，同时也可以把自己的信息在一定范围内传给其他用户。

零售店如果设置好 iBeacon 基站，只要消费者有智能手机在手，在靠近 iBeacon 基站时，设备便可以感应到信号。iBeacon 能够精确定位到消费者的位置，与该位置相关的信息便可以提供给他们，真正做到让"正确的信息"出现在正确的时间，并传送给正确的人，如图 4 所示。

在实体店中，iBeacon 传感器通过收集消费者现场的路径信息等，结合云端上该消费者的大数据，零售商可以为每一位顾客制订特有的室内导航路径、新产品推荐、优惠信息推送等个性化服务。借助 iBeacon 传感器、智能手机和门店云智能的共同服务，实体店可以极大地提升顾客在店内的个性化购物体验。

图 4　利用 iBeacon，消费者靠近零售店就可以获得促销信息

六、精准客户关系管理

客户关系管理最早出现在美国，这一概念最初由美国的甘特集团（Gartner Group）提出。在 1980 年年初，该公司便有所谓的接触管理（Contact Management），即专门收集客户与公司联系的所有信息。到 1990 年，则演变成包括电话服务中心支持资料分析的客户关怀（Customer Care），开始在企业电子商务中流行。到了 1999 年，甘特集团正式提出了客户关系管理（CRM，Customer Relationship Management）的概念。

精准客户关系管理旨在协调零售商与顾客的交互，应用信息技术与互联网技术实现销售、营销、服务上的沟通，从而提升零售商的核心竞争力。通过精准客户管理，零售商能够提升管理方式，向客户提供创新式的个性化的服务与更全面的交互，从而达到吸引新客户、保留老客户并将已有客户转为忠实客户的目的。

精准客户关系管理也是新零售时代智能化的一个重点。在传统零售时代，因为缺乏智能设备和数据支撑，商家是很难实现精准客户关系管理的。

"以客户为中心"在传统零售时代尽管是各个商家十分强调的，但是在新零售时代却显得更加重要。在数据和智能化的支撑下，实现"以客户为中心"，提高客户满意度，培养、维持客户忠诚度，在新零售时代实现起来也显得更加真实。

"以客户为中心"的客户关系管理在极大程度上需要基于消费者的信息，而基于数据的客户关系管理系统为新零售时代的消费者信息管理提供了极大的便利，为商家与消费者的紧密联系提供了可能。

有了智能技术的支持，新零售时代的企业能够根据数据对潜在消费者进行更为快速与精准的定位。分析消费者的历史搜索、浏览、购买数据，从而进行偏好定位。根据数据信息为企业与品牌找出需要进行营销推广的消费者，从而为消费者制订有效的推广方式，如邮件、电话等，保持与消费者的紧密联系。根据相关数据对消费者进行分类后，商家就可以选择合适的营销内容和渠道,快速生成内容,让客户感觉到私人定制的感觉,建立起企业与消费者之间良好的沟通与联系。

利用精准客户关系管理,商家能够有效避免从前由于潜在客户管理不当而造成的一系列损失。在新零售时代能够使信息更加集中,营销人员也更加有的放矢。通过有效分析客户的交易信息,交易的成功率得到了极大程度的提升。精准客户关系管理为零售企业预测销售业绩,识别现有的问题以及把握最新的趋势及潜在的机会提供了可能。

不少零售企业已经在精准客户关系管理这方面做出了许多努力。英国最大的零售商乐购(Tesco)通过会员卡结合信息技术,根据会员卡信息创建消费者数据库,分析消费者购物行为,能够获得精确细分的消费者群体,能够更为准确地识别消费者,并进行更有针对性的客户关系管理,实施合理的营销策略。

早在2013年,乐购就做过通过人脸识别播放定制化广告的尝试。顾客一般在乐购的收银台附近会停留等待较长时间,收银台附近的广告屏会对消费者的脸部进行扫描,识别出各项面部特征,并根据算法得出年龄、性别等基本信息,从而根据情况推荐最具有说服力的产品。

传统的CRM主要关注商家内部的数据,关注如何把商家内部各个业务环节中零散的客户信息收集、汇聚起来。在大数据时代，商家不仅要关注内部数据，还要想办法把企业外部数据整合利用起来。

我们不妨假设这样一个情景：

一位顾客给一家餐馆打电话叫外卖，客服在接到电话后很快就报出了顾客的住址、手机等联系方式。当顾客提出想订购大闸蟹时，客服告知该顾客：根据近期的体检记录，顾客的胆固醇偏高，不适合吃这些食品。当顾客点了七八个菜时，客服又建议不用点那么多，因为顾客的家里只有3个人。并且，客服还建议其妻子要少吃，根据记录，她刚刚报了减肥训练营。

或许你会惊叹于这家餐馆对顾客信息的掌握程度，但结合企业内部和外部的数据，商家的确可以进行精准分析，可以为顾客提供更为合理化的消费建议，从而更好地服务于顾客。

在以经营顾客为中心的新零售时代，精准客户关系管理能够帮助商家进行良好的客户管理，这对于零售业务来说是至关重要的。基于数据和智能化的精准客户关系管理能实现对顾客的分析、锁定目标顾客、抓取目标顾客、精准推送、分析目标顾客潜在需求，实现对消费者一对一的个性化服务，达到消费者满意度的最大提升，也为新零售时代实体店的发展提供了更多客户支持。

第四章

新零售的生态化

人们的生活本来就是立体化和风格化的，但是传统零售往往是将人们的商品区隔化，如书店就只能买书。琳琅满目的百货商店涵盖了各种商品，却没有把生活风格类似的商品集中在一起。新零售的生态化，主要是打通各种商品、渠道、零售商及商圈，实现真正的全生态，为客户提供全方位的需求服务，实现线上线下虚实联动，最终达到商业共生共荣。

任何一件事物都不可能独立存在，都会或多或少与周围的环境发生着联系，就像植物需要阳光，作为食物链顶端的人类需要适合生存的环境及生态圈中的生产者所提供的食物。万事万物彼此相互影响、促进和制约，从而使整个生态呈螺旋上升式发展。自然界是这样，在商业中也是如此。

我们这里提出的新零售生态化，是一种优势互补、协同增长的合作理念。新零售生态化是指零售商家与其所在的环境、其他商家及自身内部各个机体之间的联结状态，通过各方优势互补、分享资源而实现多赢。

一、顾客生活方式的立体化

传统零售到新零售的转变中，最重要的一点就是从经营产品到经营顾客的转变。在产品过剩的现实状况下，人在零售中的重要性愈加凸显，并已成为新零售所有活动的核心指向。

我们必须要明白一点，零售并不是因为存在而存在，而是因为满足需求而被需要，继而因被需要而存在。作为商品流通的最后一环，零售要做的是为消费者的生活创造价值。顾客需求是立体化的，并且这些需求都是紧紧围绕着其所要追求的生活方式。因此，满足消费者的产品也应该围绕需求立体化的方式去展开，才能不切割他们的生活，让他们融入真实的生活情境。

传统零售会根据消费者的单一需求去售卖产品，并希望通过提升产品的质量和功能来满足消费者的这种需求。这种做法往往是被动的，即在市场上发出某种消费具体需求后进而再出售满足需求的产品。传统零售的核心在产品，而新零售的核心在于人。新零售需要通过研究消费人群来预测他们的需求，并将"以人为本"的理念贯穿于零售的整个过程，而不是等消费者发出某种具体的信号后再去提供产品去满足他们。

消费升级使人们更加注重消费的立体感受，这种立体感受不仅包括质量，而且包括为消费者提供其所希望的一种生活。每个人群都有自己希望的生活，新零售时代的零售商需要通过对消费人群进行分析来布局产品类型，突出生活的本质，从而为消费者创造其所希望的生活。例如，日本服装品牌优衣库的消费人群非常注重舒适和简单的生活，因此优衣库以这种舒适和简单的生活理念来布局线上和线下产品，努力为消费者创建一个他们希望的生活场景。在这一宗旨的指导下，优衣库的服装以极致简约的"基本款"著称，并且始终强调时尚无须刻意，人才是主角而非衣服。优衣库的产品按照其功能性（运动、保暖、透气、职业、休闲等）生产各种各样符合消费者在不同生活场景中的服饰。

传统产业衰落的主要原因之一，其实还是在"以客户为中心"这条路上走偏了。拿零售产业来说，大部分的零售产业都是以商铺位置为中心的，只要在合适的地段有旺铺，就不愁卖不出去货。如果得位置者就能得天下，谁还有心思想着为客户创造价值呢？抛弃了客户，也必然会被客户抛弃。今天线下零售业遭受电子商务的打击，本质上还是自己的问题。亚马逊创始人贝佐斯当年收购濒临倒闭的华盛顿邮报，几年就扭亏为盈。他提出的改革原则其实很简单，就是把纸媒"以广告主为中心"转向为"以读者为中心"。

传统书店受到线上书店越来越大的冲击，原来遍布全国的新华书店已经是勉强支撑。完善的流通体系、便捷的服务程序和低价格，使得线上书店逐渐成为消费者购买书籍的第一选择。反观传统实体书店，高成本、地理位置固定性及定位模糊等，使得传统实体书店逐渐淡出消费者的生活。同时，随着电子书籍的普及，人们也越来越倾向于电子阅读。

传统书店的主营业务就是卖书，尽管部分书店也会售卖与学习相关的产品，但终究缺少立体化的生态商业布局思维。随着传统书店走向没落，另一类书店在新零售时代开始凸显其价值。

按照传统意义上的书店标准，这一类书店可能已不再是我们意识中的那个"书店"。买书已不是这类书店的重点，这类书店往往根据书店本身的调性，向消费者提供其所追求的生活方式。让消费者获得立体的消费体验变成了这些书店的价值所在。在这些书店中，你可以悠闲地品着香浓的咖啡，沉浸在书的世界中；可以享受刚在一本美食宝典中看到的美食，并且厨师还可能亲自教你烹饪，与书中的世界发生互动。

为何这类书店会在新零售时代颇受关注呢？要回答这个问题，必须先得弄清楚另一个问题——我们为何要阅读？很多人喜欢阅读，是因为阅读能够带来丰富的文化体验。这种体验不仅是书籍内容所带来的，还包括书本身（纸质、气味）、书籍的挑选过程、安静的文艺氛围、熟客与店主之间轻声问候所带来的暖暖的人情味等。喜欢这种体验和环境的人群一般属于安静、文艺的人群，这类人群都有一定的知识和涵养，追求高质量的生活品质。

著名的诚品书店就看到了这一点，真正地挖掘出了走进书店顾客的这些特点，以生活方式为切入点来布局产品，为原本岌岌可危的书店业发展方向提供了新的思路。

诚品书店从创立之初就表现出不同于传统书店的经营方式，一开始就在加强书与人的互动，强调人在书店中多重或立体的消费体验。围绕读者所追求的生活方式，诚品书店立体化布局自己的产品类型。诚品书店不仅卖书，还卖服装、卖美食、卖电影等，如图1所示。

图1　诚品书店的立体化产品生态

诚品书店通过"秉承人文、创意艺术、生活的精神"进行立体式书店经营，把书店做出一个新的文化高度。但是有人说，诚品书店前董事长吴清友靠他在其他商业领域的盈余来补贴诚品书店运营，其实只是一种情怀。

这种看法其实并不全对。诚品书店在台湾地区的成功是因为台湾地区出现了一批以阅读为乐的中产阶层。他们注重品味、热爱生活、关注精神需求,对于设计感强的商品非常喜欢,对文艺生活有着立体化的需求。诚品书店正是瞄准了这群消费者的立体化需求,以文化阅读来吸纳人群,然后赚取周边那些定价高以及和书籍有必然关系的其他产品的钱。

我们认为,传统书店转型的大方向就是围绕读者的特性布局一个文化生活的体验空间。转型后的书店以读者为中心,以书为核心载体,从门店空间设计到周边相关产品都全方位地去满足读者立体化的生活感受,并将这些产品布局在线上和线下,从而使其产品更加全面地触及消费者生活的各个方面。

新零售时代,商家需要通过提供涉及不同生活场景功能的产品向人们不断补充和勾画"生活究竟是什么样子",从而使"生活"这个概念更加立体和丰富。以生活方式来布局产品类型最根本的意图就是告诉人们生活应该成为什么样子。这也是零售企业对于自身(产品、业务、渠道等)进行生态化过程的核心指导思想。

二、零售品类生态化

当零售商一个个单件售卖商品时,他们其实忽略了一个事实:消费者的生活方式本身就是立体化的。在消费者主体性越来越强的未来,需求层次和类型也必将越来越立体和丰富。因此，新零售意味着零售商需要通过在线上和线下以生活方式立体布局产品类型，让产品在功能性和体验性方面进行有机的连接，满足消费者各方面的生活要求。

品类生态化根据目标消费者本身的生活方式来丰富零售的产品类型。我们在这里需要强调的是，品类生态化不是指什么产品都要把品类做得很杂，而是要根据目标顾客的生活方式来精选产品品类，让这些产品之间形成很好的互补，共同帮助消费者完成他的生活方式的表达。

通过生活方式的设定来设计店铺、选择产品，意味着其针对的消费群体较传统划分更为细致。店铺首要关注的是其消费群体需要何种生活方式，由此通过综合一系列生态化品类满足他们的生活体验。对于这类零售店而言，产品品类主要围绕生活形态呈现组合，跨界方式在此类集合店较为常见，一家零售店可能会设有咖啡厅、酒吧、餐厅等多种业态。

例如，我们在上一节提到的诚品书店，在开第一家店时就引入了英国的瓷器、法国的画作等这些看似与书籍并没有直接关联的商品，并将这些商品跟图书交叉摆放。我们如果仔细观察那些走进书店的读者特征，就会发现这些商品其实也是他们生活方式的一部分。

诚品书店创新的背后体现了他们对消费者生活方式的敏锐观察。20世纪80年代，伴随着中国台湾地区经济的高速发展，中产阶级逐渐庞大并拥有一定的财富积累，促使了他们在消费上的升级，对消费方式有了更高的要求，更加注重对文化和精神层面的追求。诚品书店将其产品与其目标消费者的生活追求深度结合，围绕书籍延伸出了许多超前、新颖的产品，如从美食图书延伸出了诚品餐厅，从电影、戏剧等书籍延伸出了电影院和画廊等。

与诚品书店相同，星巴克同样通过以消费者生活方式为核心，为其提供涉及消费者生活更多方面的产品，不断提高消费体验。

白领小资阶层是星巴克第一目标消费人群，这部分人群有着较高的教育背景，对其生活质量有着较高的需求，他们爱好美食、文艺，并且有着较高的收入水平和忠诚度。因此，你会发现星巴克不仅限于出售咖啡和相关商品，而更加侧重出售一种生活方式。

你也许会惊讶，在星巴克竟可以买到许多意想不到的产品。例如，将咖啡与音乐相结合就是星巴克在这方面的一大创举，并第一个将"咖啡音乐"发展成了超级大生意。

早在20世纪末，星巴克就凭借遍布世界的两千多家咖啡连锁店成功登上了全美排名第一的咖啡零售商的宝座。星巴克并未沉浸在过去的成果中，而是一直计划着其"咖啡音乐"项目。最终，星巴克选择与旧金山的一家小唱片公司Hear Music合作。

Hear Music 擅长制作"主题式选辑"CD，星巴克通过与 Hear Music 合作，推出专供星巴克店内发售的 CD 合辑。通过在星巴克店内循环播放，CD 合辑取得了不错的销售成绩。许多星巴克消费者通过在店内听到这些歌曲，并对这些歌曲产生了兴趣，最终转化成了实际的购买行为。

如今，星巴克也开始将零售门店做数字化改造，通过收集在互联网商品交易平台上的交易数据信息和线下购买记录信息，从而更有针对性地丰富其产品类型。

在进行品类生态化的过程中，零售商本身的经营理念也会起到重要作用。例如，与传统的企业强调"最好"理念相反，无印良品则提出来"这样就好"的经营理念。"最好"往往带有很强的侵略性或消费压力，但是在经历高速发展之后的日本人，他们有着太多的生活负担及过多欲望而带来的压抑，他们更向往一种简洁、自然而没有太多压力的生活。而"这样就好"的理念则给处于生活和思想压力的日本人带来另一种生活方式，使得人们在更加质朴、自然和简单的环境中得到放松，从而从压力中解脱出来。

在"这样就好"的理念下，无印良品除去其产品的所有花哨的形象包装，还原产品最本质、最自然的特质。无印良品的生活理念渗透到产品的材料、制作工艺、颜色、气味再到整个无印良品的方方面面。其不仅向消费者阐释应该怎样生活，同时吸引了更多的消费者理解和接受这样的生活理念，如图 2 所示。

图 2　无印良品的品类生态化

在以生活方式进行布局上面，传统零售商麦德龙也做了一些尝试，如在超市内部开辟了"餐厅教室"，这有点像是把电视美食综艺节目搬到卖场。与美食节目不同，"餐厅教室"每天不仅教顾客做美食，还提供从菜谱、食材及辅料、锅碗瓢盆到厨房家电等一整套生态产品品类。这样一来，麦德龙就变得不只是卖货了，而是成为一个呈现生活方式的空间了。

以生活场景、生活方式进行品类生态化布局，相当于击穿了传统零售对商品分类的屏障，为消费者提供解决立体生态化的整套解决方案，不仅能更好地实现顾客引流、增加消费黏性，更构建了电商不能企及的竞争壁垒。

以生活方式作为品类生态布局的"物心"为例，它以"万物有心"为中心，门店里不仅布局了来自世界顶尖级的产品、文具、精选书籍等多种商品，还会有各种小清新又超文艺的小物件，如笔记本、书包、胶带等。

以品类生态化布局的零售店除了售卖商品，还在售卖一种生活方式，传播一种文化。通过这样立体化的品类布局，唤醒消费者自身潜意识里追求的那种生活方式。这一类型的零售商店，消费者即便不进去买东西，逛一逛也会是一种享受。

当然，品类生态化会在一定程度上增加产品类型，看上去好像无法追求工业社会强调的规模化效益。其实不一定，因为随着科技的发展和柔性化生产的应用，在某种程度上零售商可以弱化数量在零售过程中的重要性。

我们常说"物以类聚，人以群分"，在以生活方式为中心进行布局的新零售商店周围必然会聚集一群具有相同生活气息的人，共同打造一个相同的"气场"。他们希望自己与众不同，但本质上又不断地拼命寻找能产生共鸣的组织，以通过购买生活方式获取认同感和安全感。

三、跨界商业联盟

谈到商业联盟，人们更多想到的是企业间的纵向合作，即加强产品从生产到流通过程所涉及的上下游合作。但是，这样的合作往往仅通过提高单一产品的生产效率来为联盟打基础。在消费升级的当下，消费者多样化的消费需求越来越明显。因此，横向的跨界合作是许多零售商在新零售时代寻求发展的道路之一。

跨界商业联盟往往指的是两个或多个不同领域、行业、文化和理念的企业进行合作，这种合作往往代表一种更新的、更加融合的生活态度与方式。这种联盟方式，我们认为会在新零售时代越来越常见。

在新零售时代，跨界零售之所以受到追捧，首先，跨界合作可以满足综合化、复杂化的消费需求。我们知道消费者的需求模式在不断升级，已经不再满足于产品最基本的功能价值，而是要求更具多样化的"复合型"产品品类。面对这样的需求，仅从本行业内寻求出路已然不行。

其次，新零售以消费者为核心的理念将会渗透到整个行业，所以零售商不得不在其他领域寻求合作来满足消费者对新产品或新服务的多样化需求。

最后，跨界商业联盟也能够使零售商实现差异化经营，从而帮助商家走出产品或服务同质化的困局。不同的行业、领域的联盟合作使得不同的观念、思维碰撞融合，从而获得意想不到的创新，也将为零售企业创造新的利润增长点。

近年来，快时尚与奢侈品牌的零售跨界结合变得非常频繁，如堪称最爱"傍大牌"的快时尚品牌H&M曾与Versace、Chanel等大牌及设计师们合作推出联名系列，每一次都能吸引众多粉丝连夜排队，货品瞬间售罄。

既然是跨界合作，零售企业合作的跨界范围不仅限于某一品类。2004年，优衣库就与纽约现代艺术博物馆（MoMA）合作，发行了一系列带有安迪·沃霍尔（Andy Warhol）版画的T恤。2014年，纽约优衣库旗舰店首次开始了其跨界之旅，与星巴克合作，成为全美第一家将咖啡元素引入服饰界的零售商。

当然，优衣库与星巴克的合作并不仅限于简单的产品引入，他们不断地尝试将优衣库元素和星巴克元素融合在同一件产品中。例如，星巴克将优衣库的不同衣服款式印在星巴克咖啡杯上，从而产生奇妙的"化学结果"，如图3所示。

图3 优衣库与星巴克跨界合作

除了与星巴克进行跨界合作，优衣库还在2016年春与乐高进行了首度跨界合作，将大人们的童年回忆，小孩们的快乐玩伴乐高产品与优衣库产品进行融合。

零售的跨界合作一般来说有两种。第一种是跨界合作双方在某一方面有相似性，这种相似性方面可以是品牌理念、消费者人群等。例如，路易·威登（LV）就为宝马I8跑车打造了一组手提箱和手提包。一个是汽车制造业，另一个是奢侈品行业，当时让人意想不到的是两家似乎毫无关联的企业竟开展了合作。其实背后的合作逻辑很简单，因为宝马和路易·威登这两个品牌在品牌级别、品牌理念和他们的目标消费者等方面有着很多共同点。两者都是奢侈品，都是以品质工艺而闻名的传统品牌，而且其目标消费者都属于高端商务人士。而正是因为这些共同点才使得这两家企业的跨界合作更有意义。

第二种跨界领域是虽然不存在相似性，但是双方能够进行优势互补，从而达到"1+1＞2"的效果。2017年年初，京东开始通过加盟的方式与便利店进行合作。京东便利店采取的是加盟的方式，即京东提供产品和管理、培训等服务，而加盟商除了向京东缴纳质保金外，只需承担门店房租、装修和水电等费用。京东为何会与线下便利店采取加盟方式的跨界合作呢？因为京东与线下便利店的跨界合作在很大程度上解决了长期困扰电商的"最后一公里"难题，同时便利店也有利于京东在零售领域垂直化的发展。这些加盟商同时借助京东完善的物流体系、品牌和管理等优势，促进自身的发展。

星巴克目前也在美国进行跨界合作，截至2017年6月，有接近80家星巴克开始与啤酒品牌、葡萄酒品牌进行合作。而在中国，本土化妆品牌玛丽黛佳也尝试与肯德基跨界合作。炸鸡腿和女性化妆品跨界合作还是很考验人的大脑的。但就是这样不可思议的两个品牌跨界合作，联合推出了"遇见莓好唇膏"礼盒。

移动互联网时代，开放合作是基本的发展方向。在越来越开放、越来越强调合作的时代背景下，零售商单打独斗是没有出路的。通过跨界混搭，零售企业可以获取更多的资源，更好地服务好消费者。

但并不是所有的零售跨界合作都是成功的，在进行跨界合作之前要考虑清楚以下一些实际的问题：一是合作双方的消费者资源是否可以进行共享，也就是合作双方的消费者是否相关联或是存在某种相似性；二是跨界合作后的产品或服务是否能够给消费者带来新的东西、新的体验，增加消费者的消费附加值；三是两者的优势互补是否能够促进零售商的经营效率。

真正进行跨界合作的零售商并不是追求一次两次的合作，而是不断探索跨界合作机制，在企业与企业间形成跨界合作生态，从而能够使得这种合作方式真正可持续。

四、全渠道生态

随着信息科技和移动互联网的发展，新零售不断地扩展和延伸各种渠道，全渠道零售应运而生。新零售强调满足消费者在任何时间、任何地点并以他们希望的方式满足的需求。全渠道的重点在于"全"，为了满足消费者在任何时间、地点和场景的需求和向消费者提供无差别的商品和服务，零售商通过整合线上和线下各个零售渠道，实现零售渠道生态协同，实现零售效率和消费者价值的最大化。

在全渠道中，零售商通过各种渠道（实体店、网站、社交媒体等）与消费者进行接触并产生互动，从而能够更加及时和便捷地提供满足消费者需求的产品和服务，达到为消费者创造超然的消费体验。

而顾客则可以利用这些渠道（实体店、网站、社交媒体等）收集信息，并对产品进行比较、选择，最终可以通过任何一个渠道对产品进行购买。例如，在全渠道模式下，消费者可以在线上查询附近实体店的库存量，在线上购买线下取货，或者在实体店体验过后，在线上支付，商家则可以直接从离收件地址最近的实体店发货。

随着科学技术的发展和消费升级，零售从最开始的单渠道模式发展到多渠道模式，再到现在的全渠道模式。单渠道模式和多渠道模式都是在特定时代背景下应运而生的，发展至今已无法满足新零售发展的需求，甚至其劣势在阻碍新零售的发展。

单渠道模式是指实体店铺渠道，其发展得益于大型连锁商场的发展。这种模式的缺陷顾名思义就是渠道过于单一，地理位置的不可移动性使得其不能像线上店铺的覆盖范围那么广。如此一来，零售商抗击风险的能力就会大大减小。店铺租金、人力成本上涨会使零售商的成本增加，利润空间被大幅压缩。

多渠道模式是指零售商采取线上和线下双重渠道。初级的多渠道零售中，线上和线下的各个渠道之间彼此分散和独立，甚至彼此之间存在流量的竞争。例如，团购平台将实体店原本的流量截流，从而使消费者通过该平台来进行消费，实体店还得支付该平台的佣金和顾客的利润让渡。团购平台不但未给零售企业创造更多的流量，而且还侵蚀了实体店的部分利润。不仅如此，在初级多渠道时代，客户在线上线下的消费体验也不尽相同，最典型的就是同一件产品在线上和线下的价格差异很大。这与传统渠道思维中各渠道之间各自为政有关。这种分散和独立往往会造成零售商成本上升、利润空间被压缩、品牌创建难度大等困局。

随着信息技术的发展，线上和线下等多个零售渠道已经充分融入人们的生活，不断改变着人们的生活方式和思维方式。寄生在这些渠道上的群体也得以形成和不断发展。这样的现实条件为全渠道零售提供了可能,并且随着寄生在这些渠道上的群体不断发展壮大,全渠道成为零售企业发展的必然趋势。

为了最大化接触消费者、满足消费者需求,零售企业必须有机地整合所有的渠道,从而为企业和消费者创造价值。

梅西百货作为美国著名的连锁百货公司是全渠道模式实践的领军者。梅西百货的全渠道模式以消费者为核心,有机地整合和打通线上线下所有渠道,以此为消费者提供无差别的消费体验和服务。

在梅西百货,顾客的购物流程一般是先在网上浏览商品信息、看评价,然后到店里试穿和试用。梅西百货还在实体店中采用了自助服务设施,虚拟试衣镜和顾客响应设备等,全方位接触消费者。借助自助终端设备,顾客可以进一步在社交媒体上分享购物清单,请朋友帮忙出主意、做决定。梅西百货提供了搜索与送货服务,使产品能够以最便捷的方式到达消费者手中。为了尽可能缩短配送时间,更迅速地对消费者的需求做出反应,梅西百货创建了一个拥有近200人的网络物流中心。如此一来,梅西百货的全渠道模式不仅为消费者创造了超然的消费体验,同时也大大提升了零售的运营效率。

在新零售时代,零售商需要通过有机整合零售企业的所有渠道,从而形成一个全零售生态系统。当然,全渠道并不是简单地将所有渠道相加，必须要求零售企业从内向外进行全面变革，从而使企业的组织变革、商业模式和流程有机结合，使各个渠道能够真正地进行生态化整合。

零售企业全渠道化过程的前提是不增加新的成本投入，对企业各项资源从深度和广度进行优化，使原有渠道不仅更加紧密地连接，同时也承担新的功能，如增加实体店仓储和配送的功能、加强实体店的数字化功能。而消费者也可以通过一个账号在零售企业的所有渠道中通行，节约消费者的时间，提升消费者的消费体验。

零售企业只有将全渠道实践落实到每一个细节，才能实现各个零售渠道的有机结合，推动零售企业本身整体生态化的进程，实现零售模式和服务方式的创新。

五、从经营门店到经营商圈

传统的商圈大多由房地产商来经营，目的是通过购物中心商圈的建立来促进附近楼盘的销售。例如，有着城市综合体大师之称的万达，以万达广场为核心，通过由点到面的方式带动周围房地产项目（如万达住宅区、写字楼）的发展。同时，当这些周围的房地产项目发展到一定程度后，又能够促进万达广场的发展，形成一个良性循环，激发整个商圈的发展潜能。

门店是商圈重要的组成部分，但在传统商圈的门店经营中存在许多问题。这主要表现在门店的同质化现象严重，同一品类的门店高度相似。表面上看，这是忽视了门店所在商圈的特点和商圈中消费者的多样化需求，其背后却是以消费者为核心的理念的缺失。传统实体零售店铺的视野和能力都是有限的，往往对其消费者知之甚少，既不了解消费者的消费习惯和消费动机，也不清楚消费者的购买周期和产品结构。没有办法，门店的经营只能一窝蜂地做同样的事情，极易导致恶性竞争的局面。

另外，由于缺乏生态协同的思维，各门店在进行活动或者宣传的过程中，往往只是从自身角度出发，考虑成本、利润等多方面的因素，缺乏与其他商家之间的合作联动。

在这种情况下，经营商圈的管理者应放弃收门面费的核心思维，明确自己的新定位——帮助这个商圈经营者提供一个生态协同的平台，让各零售商家在这里优势互补，产品错位。这个平台本身还要带有相应的机制来吸引顾客，为零售商家提供技术支持、流量支持等，促进各零售商家之间的良性合作。

每个门店都是在一个或多个商圈中进行经营，商圈本身的内部集群结构、影响力及各商家的关联程度等因素都对商圈内部门店的经营有着重要的影响。商圈管理者在未来发展过程中应做好整体规划，确定零售商品的生态布局，从空间、时间等多个方面做出明确、统一、合理的规划，避免恶性竞争。

而作为个体商家，在选择商圈时也应该充分考虑生态性和商圈管理者的筹划能力。新零售时代，零售商本身也必须要破除从单店孤立看待经营的思维，应该站在整体，以生态协同的角度多层次地把握消费者多样化的需求。

大型购物中心除了线下支持外，还应该在线上构建商圈平台。购物中心通过线上购物平台的搭建，同时满足消费者网上浏览、线下体验、线上下单等一系列购买行为，帮助商家更好地实现与消费者和其他商家的联动。

阿里巴巴布局线下商圈的"喵街"（类似的有万达的"飞凡"）通过将线上线下打通，利用大数据等技术对商圈内消费者进行分析，能够和商户形成一体化的方案，再加上大数据，让整个商圈的运营变得更加精细化。

当然除了商圈内部的合作，新零售也应该注重商圈与商圈的生态化结合。这种生态化结合要注重地理位置和功能上的互补性。在这方面做得比较好的是日本。日本的商圈以集群为特点，每一个商圈，尤其是其主要功能，都致力于打造满足消费者某一类需求的唯一专属区域。日本这些不同商圈能够互补地满足消费者的需求，如"家装世界""吃货世界"等。

六、线上线下虚实联动

零售行业中，电商与实体零售之争自电子商务诞生伊始就一直被学术界和商界所关注和讨论，其中最令人津津乐道的莫过于马云与王健林在2012年"CCTV中国经济年度人物"颁奖典礼上关于电商与实体零售的"亿元豪赌"。暂且不论这个赌约的初衷和结果，单说马云与王健林，他们无疑是代表着线上和线下两个阵营。

从马云和王健林的赌约折射出一个现实——不管是商界还是学术界，长期以来就将电商和实体零售看成是零和游戏。在这样的思维模式下所建构出来的虚拟生态和传统生态是不可相容的，即实体店对消费者来说就只是实体店，没有更多的东西，线下消费只能存在于传统零售生态中，而且其周围的环境都互不相连。似乎消费者的线上消费无法下沉到实体生态中，而线下的消费也无法存在于互联网和虚拟连接中。

如果非要在线上和线下做一个选择的话，大部分消费者可能都相信电商将取代实体零售。这样的想法并不是毫无根据，因为简单的物理化网格布局体系的实体零售商业模式已显老化，而相比之下电商的优势愈发明显。

就在马云与王健林"亿元豪赌"四年之后的2016年，马云不再把线上线下当作对立的零和游戏。他在杭州云栖大会上表示，未来的纯电子商务将会消失，取而代之的将是线上和线下零售的整合。线上和线下都有其彼此的优势与劣势，而且双方不仅能够进行优势互补，同时双方的合作能够弥补各自的劣势。

2017年9月，海澜之家发布公告称，该公司与天猫建立合作，旗下的5000家实体门店将逐渐实现线上线下融合发展。那如何进行线上和线下融合，从而达到虚拟生态（电商生态）和传统生态（实体生态）的联动呢？在这一方向上，国美已经开始了一些尝试。

国美的线上和线下融合并非简单的连接，而是通过线上和线下的融合打造出社交商务生态圈。这个生态圈的商业逻辑是在以用户为核心的基础上打造其产品，并佐之以"平台为王、服务为王、分享为王、体验为王"理念，打造出一个线上线下的国美生态系统。

在国美的新零售生态中，消费者的参与是非常重要的一环，强调消费者参与产品从生产到购买和反馈的全过程。通过鼓励消费者参与，国美、品牌商和消费者能够一起分享品质和共享利益，形成三者共赢的局面，从而实现互联网时代从免费经济向共享经济的转变。

在技术层面，国美新零售生态中最重要的一环就是线上和线下融合。通过将线上和线下店铺作为入口，国美与消费者进行互动，并收集产生的消费数据，为之后的售后服务和促销等活动提供数据支持，实现零售闭环系统，为国美零售持续地创造新生价值，如图 4 所示。

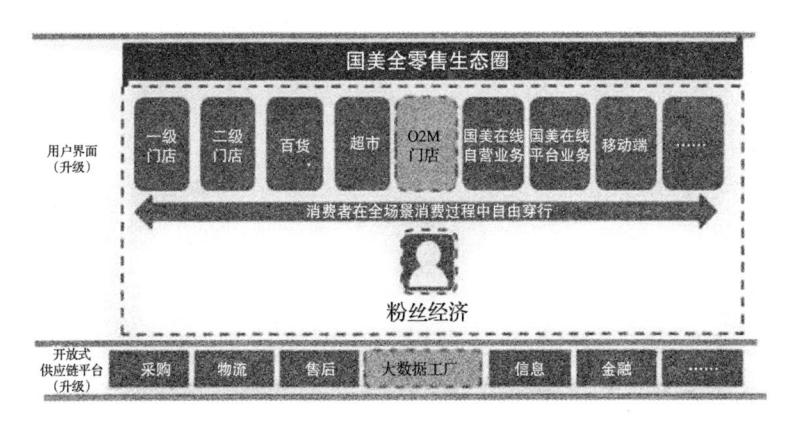

图 4　国美的全零售生态圈

新零售的线上和线下融合要实现的是虚拟生态和现实生态的深度融合，最终形成虚拟生态和传统生态合二为一，产生虚拟和实体相互融合的零售生态圈。在这个过程中，线上生态得以下沉，与消费者发生更全面的互动；而实体零售也能够突破物理和地理上的界限，通过线上和线下的数据最大限度地延伸零售"触角"。在这个虚拟和传统相融合的零售生态中，消费者能够不再受到时间和空间的限制，能够在任何时间、任何地点以自己希望的方式进行消费，品牌商和零售商能够通过信息技术更加全面和及时地捕捉消费者的需求，在短时间内完成消费者分析，与消费者进行及时互动，为消费者提供 24 小时无缝融合的消费体验和服务。

可以想象，在不久的将来，不管是在线上或是线下消费，一旦走进某个零售场域中，我们的所有信息都将会被捕捉到；并且这些信息在线下和线上的生态圈中迅速传递和分析，最终实现消费需求在消费者还没提出之前就已经到达零售商手中。

沃顿商学院市场营销的教授大卫·贝尔提出，线上线下的融合不是O2O，而是"O+O"。在新零售时代，零售企业将以线下门店、电子商务为核心，实现商品、会员、交易、营销等数据的共融联动，向顾客提供无缝化的消费体验。而随着智能化购物设备和信息技术的普及，新零售时代的零售商将构建更加丰富多样、线上线下融合的消费场景。

七、商业共生

在快速腾飞的过程中，电子商务确实享受到了诸多红利，而实体零售业在与电商的竞争中，一直处在价格高、监管严的相对劣势地位，经营业绩每况愈下。

但并不是所有的实体零售在电商的冲击下都过得凄惨，有的反而过得很好，关键在于与周边是否形成了良好的共生关系。例如，手机行业的OPPO和vivo线下门店这几年就做得风生水起，成为手机行业津津乐道的案例，连雷军都开始怀疑自己当初引以为豪的互联网思维，他们是怎么做到的呢？

以 OPPO 为例，他们在中国和亚洲其他国家有 32 万家线下店，其线下店由店长、渠道代理商和 OPPO 三方共同参股，由省级代理商管理，且只独家代理 OPPO 一个品牌。OPPO 拥有对线下渠道包括定价策略在内的完整控制权。OPPO 和渠道商之间的关系非常密切，且高度信任。OPPO 还承诺，如果由于手机换代，原有手机卖不出去给渠道商带来损失，公司会补贴现金给渠道商。换句话说，OPPO 通过各种利益的绑定，使得自己和代理商之间形成了一种良性的商业共生关系。

我们知道，在自然生态中，每一种生物体都占据了一定的生态位。生态系统中在一段时间内所能提供的资源是有限的，随着生物种类的增多或环境变量变化时，竞争就产生了。这个原理也同样适用于商业生态系统中。在商业系统中，零售企业在商业模式、组织架构、业务流程等方面越相似，其对资源的需求、目标消费者和产品市场的重叠程度也就越大。随着整个行业的发展，相似的企业会越来越多，他们对于资源、市场等方面的竞争也越趋于激烈。因此，商业共生这一理念对零售企业的生存和发展愈发重要。

前面我们讲过，传统零售企业的需求合作往往是从其纵向价值链切入，寻找合作伙伴。而新零售的商业共生则是围绕消费者这个核心，以立体价值链为切入点。立体价值链是由纵向价值链（生产商、服务商、零售商和消费者）、横向价值链（主要是指跨界合作主体）及其他利益相关者（网民群体、社会媒体、员工）交互形成的。零售企业通过产业立体价值链资源的有效整合，构建多群体互惠共生的商业共生生态。

共享和协调是新零售商业共生的合作机制，即通过信息、资源等的共享，协调立体价值链上的各个部门进行合作，从而最终实现立体价值链各个部分的共赢。而大数据、物联网等的发展为零售商的商业共生提供了现实的可能性。

从纵向价值链来看，消费逐渐逆向指导整个生产过程、物流过程。通过大数据的分析与预测技术，零售商能够及时刻画其目标消费者的立体轮廓，从而指导产品的生产，使产品从功能、外观等各个方面抓住消费者的痛点，更加符合消费者的需求；通过与上游企业进行资源共享（主要是信息共享），零售商还可以通过将零售企业的销售管理系统、上游所有供应商信息系统与数据平台共享，全面实现生产、仓储、配送、销售、物流等诸多环节一体化，达到供应链库存同步、存货共管。利用大数据系统的信息处理与数据挖掘手段，商家还能对存货周转数据深度分析，从而优化库存管理，打造无缝衔接，减少进销过程中的摩擦。

从横向价值链来说，新零售的商业共生除了零售企业本身产品的生态化，通过进行资源共享（如空间、消费者等），还可以与同一品类或不同品类的企业进行跨界合作，从而进一步丰富其目标消费者类型和层次，充实品牌和产品的内涵。

我们在前面章节提到过 Urban Outfitters，作为一家主营服装的连锁店，其不仅仅是销售衣服的场所，顾客在其中还可以听听黑胶唱片、玩玩 X-box 游戏，甚至可以做个头发，逛累了可以在店里沙发上躺一会，如果饿了还可以点个比萨。

新零售一直强调的就是以消费者为核心，以人为本的理念贯穿其线上和线下商业共生的整个进程。

除了整合纵向和横向价值链，对人进行整合也是新零售应该值得重视的。

首先，零售商通过各种渠道，特别是社会化媒介，如越来越多的零售商通过微信对其消费者和会员进行互动和管理，通过加强与消费者的联系和互动，零售商能获得更多消费者信息来指导零售经营。

其次，这样做也能增进消费者与零售商之间的"友谊"，使消费者对于零售商的依赖不仅限于产品上，产生更多情感上的依赖。在企业内部，零售企业对不同来源、不同类型的流量数据和行为数据进行广泛获取，在组织内平台上有序地传播，提高组织内部的透明度和沟通效率，从而促使员工更加了解企业信息和消费者信息，提高员工的工作效率和组织承诺，使企业、员工和消费者之间的界限逐渐消弭。

新零售时代，新零售商将借助科技创新带来的便利，整合和协调零售立体价值链中的各个部分，形成一个良好的商业共生生态圈。

第五章

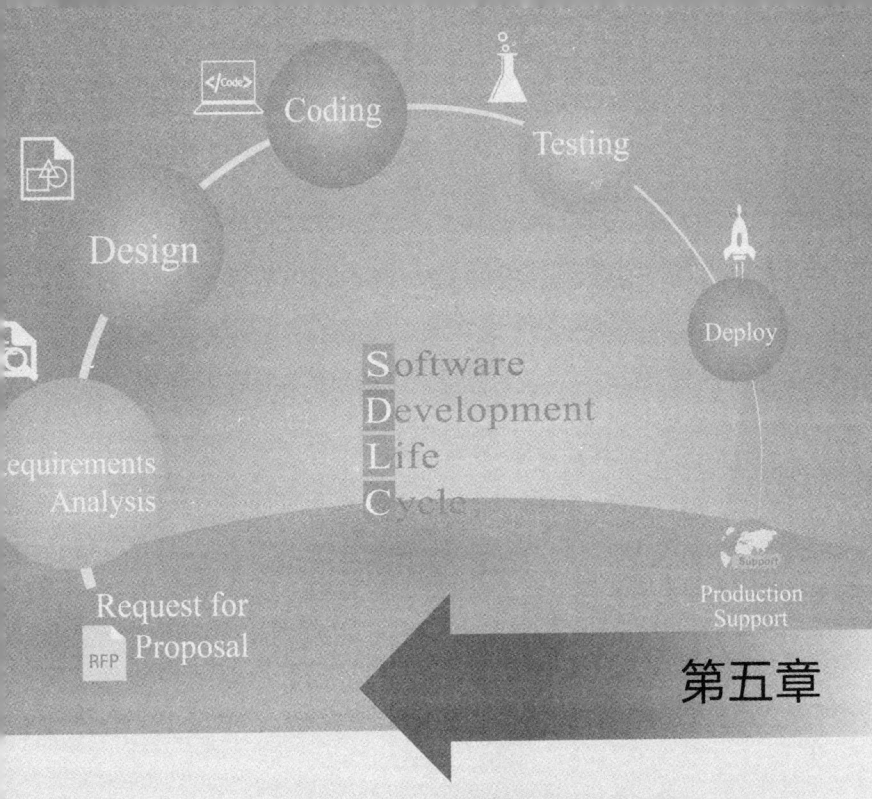

新零售的端网化

各种终端作为联结人们生活的入口,自然也就成为实现新零售的重要环节。这些终端包括各种电子终端,门店等传统终端,还包括物联网终端。新零售通过各个端口的连接和融合,实现线上线下的相互转化,各种信息流充分交互,最终实现消费者的体验和零售效率的最大化。

各种各样的终端,如计算机、手机、平板电脑、电视,甚至汽车,已经深度嵌入到人们的生活中,并成为人们生活无法分割的一部分。人们开始习惯于开着电脑,看着电视,时时还生怕错过手机上各种各样的信息。终端不仅仅是一种设备,甚至成为很多人身体的一部分。

作为联结人们生活的入口,各种终端自然也就成为实现新零售最重要的一环。不过,我们这里的终端不仅包括智能手机等各种电子终端,也包括门店等传统终端,甚至物联网终端。新零售通过各个端口的连接和融合,使零售成为一张立体的网络,从而使得各种信息、流量能够充分交互流动,最终实现消费者的体验和零售效率的最大化。

一、美国超市的端网互动

在传统实体零售业中,顾客能购买商品的终端场所就是店面，也就是说必须进店才能购买商品。到了 PC 时代，零售的终端扩展到了网页上，打破了必须到实体店购买的局限。到了移动互联网时代，终端的范围已经从台式电脑逐渐扩展到了手机、平板电脑等移动终端。

可以想象在未来的零售业中，任何能够与消费者接触的端口都可以成为零售企业的零售终端。例如，衣柜会根据天气来提醒人们今天应该穿什么样的衣服，同时也会给出最合适的搭配方案来满足人们去见客户的要求，并自动推荐相应的品牌和零售店铺。

前面几章我们一再强调，线上和线下的融合是新零售的核心，故而线上和线下的各个终端的连接和整合也是零售企业必然面对的重要议题。实事求是地说，目前一些零售企业的线上线下融合仍处于原始形态，有些实体零售企业甚至认为开一个网店就是线上线下融合。

相较之下，创立于 1962 年的美国第二大零售商塔吉特（Target）在线上和线下端口融合的做法就颇有借鉴价值。为了提升消费者的购物体验，传统零售商的做法是不断升级服务，提高品质，降低价格等。但塔吉特另辟蹊径，它不仅把线上移动端搬到线下，而且使这种线上和线下的终端互动更加有趣味性。

塔吉特是如何做的呢？塔吉特的第一步就是以其吉祥物——小猎狗 Bullseye 为主角发明了一款游戏，取名为

"Bullseye 的游乐场"。这款游戏总共含有六款与冬天有关的小游戏，如滑雪、钓鱼等，其中的角色都是塔吉特的小动物代言人。消费者为了玩游戏，可以登录塔吉特的官网页面，相当于通过一款游戏将消费者引流到官方网站。

当然，有了这款游戏并不能说明就一定有大量的玩家来玩。为了推广这款游戏，使这款游戏真正发挥其价值，塔吉特在线下1800多家实体店中设立推广标志，并为消费者提供游戏兑换码。消费者只有通过在线上输入兑换码，才能获取相关游戏的游戏技能、人物，才能进入下一关卡和场景。

当然，只做到这一步并不能完成塔吉特的线上和线下多端融合的目标。塔吉特的线上游戏玩家能够从游戏中获得限时的商品兑换码，从而能够提升消费者到线下实体店的消费热情。

不仅如此，塔吉特还加强了其"线上订货，线下取货"的服务，并且到店取货还可以获得相应的游戏兑换券。也就是说，不少消费者不仅仅是为了取货到店，还为了拿到游戏兑换券。一旦进入消费环境中，消费者就会受到整个消费环境因素的影响，从而进行非计划性的购买行为。

同时，消费者每玩一个游戏，塔吉特就会为圣犹大儿童研究医院捐献一美元。这种社会责任感，使消费者玩游戏的动机不仅仅局限于个人利益，从而激励消费者。由此，塔吉特的线上和线下终端形成了良好的、有互动性的闭环。

塔吉特通过将游戏机制与游戏元素嵌入其销售空间、商业服务、内容入口及促销活动中,实现了较好的线上端口和线下端口融合,为消费者创造出"沉浸式"体验,进而让受众更愿意主动参与,最终达到消费者与零售商的双赢。

为了使线上和线下零售能够有机结合,塔吉特不断优化其线上端口(网页、移动 APP 和社交媒体)和实体商店的连接。为了符合消费者的消费习惯和认知,塔吉特在移动终端做了很多努力,如他们在移动终端的设计思路都是力求做得更加简洁和清晰。为了能够使消费者对产品有更加深入的了解和增强移动终端的互动性,塔吉特的线上应用通过一个扫码的功能,使消费者获得有关商品的信息和购买过的顾客评价。同时,塔吉特移动终端的定位功能能够根据消费者所在的位置,为消费者提供个性化的服务。不仅如此,在移动终端中还嵌入了有关塔吉特实体店的各种信息(店内商品、实体店地图等),从而真正实现将线上顾客向线下引流。

当然,塔吉特的端网互动远远不止这些。免费 Wi-Fi 全面覆盖塔吉特的门店。走进塔吉特门店,消费者其实既是走进了实体店,也是走进了塔吉特的线上门店。消费者可以在线下体验产品和挑选商品,同时又可以在移动端收集到更多有关产品的信息,从而使消费者能够做出更加理智的选择。

在结算时,消费者直接扫描条码就可以进行支付,还可以使用塔吉特赠送的优惠券,既节约了消费者购物排队等待的时间，也能使其获得相应的优惠，大大提升消费体验。

由于这种良好的端网互动，塔吉特线上移动端成为全美顾客在店内访问最多的 APP。在端网互动一体化支持下，塔吉特移动端的购买量已经占到其整体数字化销售总量的 7% 以上。

新零售面临的主要问题是如何结合人、货、场，而各种电子化和非电子化的终端往往是解决这一问题的主要依托。新零售所强调的各种终端的融合并不是简单的连接，而是通过带有互动性、嵌入性的方式来进行连接，从而能够使消费者在线上和线下的体验更加立体，最终形成零售终端的消费闭环。

二、线上流量转线下用户

在过去的几十年中，零售商们基本上是通过实体门店来带动地域需求，释放城市购买力的。中国零售业的传统做法是，先占据一个好的地理位置获取优势，从而有更多的客流量。基于这种模式，中国零售业经历了高速增长的黄金十年。

随着信息移动化及商圈的严重重叠，一线城市和二线城市的零售实体商店已经基本饱和，位置反而成为实体零售的负担和限制。传统零售商从高峰走到低谷的过程就像温水煮青蛙，对于温水中的青蛙来说，只有在死亡的一瞬间才能发现死亡的威胁和可怕，但想逃也逃不掉了。

国内的李宁、美特斯·邦威、上海第一百货、春天百货一家家在关店，残存的实体店铺的收入也不容乐观。甚至在传统零售产业非常完善的美国，电商对实体零售的破坏力也不容小视。2016 年，美国传统零售商西尔斯百货市值下跌了96%，J. C. Penny 下跌了 86%，Nordstrom 下跌了 33%。

这些实体店接连关闭或者利润大幅下降的主要原因不是消费者不需要了，而是他们往线上走了。因此对于实体店而言，必须要想办法把网络端的流量（用户）重新吸引到线下，完成从"线上流量"到"线下用户"的转变。

在这样的现实情况下，线上团购模式和其后兴起的 O2O（Online To Offline）应运而生，其重要的功能就是将线上流量引流到线下。

团购模式本身就是通过将想要购买同一产品的消费者集合起来，达到一定的购买数量，从而增加与商家的谈判筹码，最后求得最优的价格，达成双方交易。团购模式本意是希望带来双赢的局面，一方面消费者通过团购能够得到更大的优惠，另一方面对于商家而言，虽然价格降低了，但是薄利多销，商家最终还是能够盈利的。而且，也能使商家的一些原本可能滞销的产品销售出去。

理论上，在线团购模式是可以实现双赢的。首先，移动互联网连接着大量的潜在消费群体；其次，在线团购模式使得潜在消费者能够收集到很多有关产品的信息（消费评价、推荐商品和有关店家的各种相关信息），有利于消费者做出有利的消费决策。

在看到了在线团购模式的发展前景后，2010年中国第一家团购网站"美团"正式上线。之后，国内团购网站飞速发展，仅仅一年的时间，团购网站的数量竟达到了5000多家。

虽然团购网站在前期风光无限，但发展到后期，整个行业间彼此恶意价格竞争，导致线下商家利润单薄不愿意加入争斗，同时线上平台的烧钱模式因为资本终究有限而无法继续，最后导致绝大部分团购网站关闭。

在经历巅峰时期和低谷时期后，团购行业开始进行转型，而转型方向就是O2O。他们不再将自己定义为将潜在消费者组织起来的组织者，而是将自己定义为为潜在消费者提供服务（主要是信息服务）的提供方。例如，他们通过把有关线下商店的信息（打折信息、预订信息等）推送给线上用户，从而将线上用户转换为自己的线下客户。

O2O基本商业逻辑是用户在线上平台预先支付，然后到线下消费体验，商家实时追踪效果，由此形成闭环的商业服务和体验过程。中国较早做O2O模式的是携程旅行网。采用O2O模式的旅行网又被称为OTA，其通过在线提供旅游信息来吸引游客，然后将潜在消费者引流到线下旅行社、酒店及景点等。有些OTA为了推广其APP的使用和其优惠活动，会派员工到机场、酒店等地方进行截流。

2013年，O2O模式在零售行业遍地开花。主要集中于分类信息网站、点评类网站、团购类网站、订餐类网站等，其他各类企业也纷纷试水O2O。大众点评网、饿了么等成为这一时期的佼佼者。

O2O模式利用互联网的优势收集了海量的商家信息，汇集了海量的用户，从而促进线上和线下商品和服务的交易。O2O模式使得商家能够对其营销效果进行直观的统计和追踪评估，避免了传统营销模式推广效果的不可知性。

就O2O模式而言，万达董事长王健林认为，目前的O2O模式仍停留在导购模式，并未真正实现线上和线下的结合。传统O2O从线上引流的方法过于简单和原始，而在新零售时代的线上线下融合必须要有以消费者为核心的理念，通过数据收集、分析和预测，来吸引消费者从线上走到线下。

例如，优衣库通过线上的社交媒体与顾客进行互动，同时给顾客提供搭配指南等。顾客能够在线上对优衣库的产品进行意见回馈，对喜欢的款式进行收藏。如此一来，优衣库就可在线上收集大量顾客的消费意见，更加准确和迅速地掌握顾客的需求，从而为实体店的经营提供指导。优衣库陈列在入口重要位置的商品都是通过收集线上数据得出的顾客喜欢爆款，而选择摆放哪些款式和希望热推哪些款式无一不是根据顾客需求做出的决策。

对于追求更加个性化和多元化消费需求的顾客，优衣库通过线上数据来指导线下零售，为消费者打造一个更有针对性和体验性的消费空间，从而吸引线上顾客到线下进行消费体验。

为了更好地吸引线上顾客到门店消费，以实体店体验感著称的宜家家居在2017年新闻发布会上宣布也要做线上。从历史来看，宜家家居从来就不是一家跟风的公司。直到现在，宜家家居每年还会向会员寄出其产品目录册——《家居指南》。这本小册子陪伴宜家家居从1943年创立到现在，从最初每年60万份的发行量到现在每年超过2亿份，这仍然是宜家家居最主要的营销方式。在新媒体营销横行的当下，这种方式似乎显得有些落伍，必须要做一些适合时代背景的调整。

不过，线下体验感极强的宜家做线上最主要的目的还是触达更多的消费者。线上只是锦上添花而非雪中送炭，宜家家居未来最主要的战场仍然在线下。

值得一提的是，阿里巴巴在2016年的"双十一"中借助科技的力量，进行了将线上消费者引流线下实体店的试验，大获成功。支付宝数据显示，全国范围内有近1千家大型购物中心、5万家超市便利店、55万家餐厅参加了该活动。

除了通过社交媒体和线上购物平台的方式进行引流外，我们在第三章所提到的LBS、iBeacon技术和移动支付等技术也能够通过互动性和嵌入性的方式将线上流量引入线下。

三、线下用户转线上买家

前面我们讲了线上终端向线下实体店引流的问题，这一部分我们讲线下用户转为线上买家的问题。

以往零售实体店很多时候都只是把进店的顾客当作一次性客户，实现一次交易后，顾客的价值基本上结束了。有些零售店即使采取了很多办法留住顾客，其目的也还是集中在如何吸引他们再次来实体店内消费，而不是引导顾客到线上进行消费。这一点，在新零售时代需要得到改变，线上线下的各种端口之间应该彼此成为导流的入口，而不是单一的线上或者线下思维。

历史总是惊人的相似。电商在经历了高速发展后，就像所有事物的发展都会遇到瓶颈一样，其发展速度明显放缓。2008—2015年，中国电子商务的增幅由141.73%逐步降至33.3%。

面对发展的玻璃天花板，线上零售商开始尝试将线下流量引流到线上。例如，2014年美国电商巨头亚马逊为了增加流量入口，为"黑色星期五"的促销做准备，专门建立一个亚马逊线下客户体验中心，希望能够将更多的流量吸引到线上。

诚然，电商解决了很多便利性的问题，但消费升级之后的消费者更加注重消费过程的体验性和品质。这个时候，实体店体验性强的优势就体现出来了。在实体店购物时，人们会享受在实体店买东西的整个过程，享受其中的"逛、找、品、试、鉴、比"的乐趣。除此之外，实体店有电子商务没有的空间装修设计，商品陈列摆放设计，店员面对面的服务甚至是实体店中最细微极致的气味设计。而这些都是实体店的优势所在。

由于在实体店购物过程中，顾客能够与产品发生最直接的连接，由此顾客就更加能够产生信任感。如果能将这种信任感引入到线上，就会产生非常好的效应，转化率和忠诚度都会大大加强。现在一些电商开始尝试创建实体店，最终目的就是为了建立信任度和体验感，将实体店的客流引入线上。

在第一章中我们提到的当当网、亚马逊都在开设线下实体店，并将网上的信息全面融入实体店中。如此一来，消费者在它们的实体店进行消费体验时，就能够更深入地了解它们线上的商品。

亚马逊实体店不仅将消费者引流到线上，同时也增加了消费者与企业的沟通渠道。亚马逊实体书店除了售卖书籍外，还包括亚马逊的其他产品，如智能音箱 Echo、电视盒子 FireTV、平板电脑 FireTablet、电子书阅读器 Kindle 等，从而为消费者打造一个充斥着亚马逊网站氛围的购物环境。通过这种方式，亚马逊把线上线下的流量相互导引，充分挖掘了顾客价值。

像亚马逊这样想方设法将线下流量引入线上的电商企业还有很多，如联合零售空间BIO。联合零售空间BIO于2017年在纽约成立，在这里集聚了32个互联网品牌。它将线上产品放在现实空间中进行展示，其中包括时装、珠宝、美容和居家等产品。联合零售空间BIO的目的，就是为线上电商搭建一个较低成本的线下推广平台，从而将进入实体空间的消费者引流到线上消费。

中国的电商平台也早就开始将线下流量引入线上，其中的领头羊非阿里巴巴莫属。在2016年，阿里巴巴通过向实体零售商三江购物投资21.5亿元，获得其35%的股权。除此之外，阿里巴巴向实体零售盒马鲜生注资1.5亿美元，成为其第一大股东。2017年，阿里巴巴又通过资本注入与实体零售巨头苏宁、百联和银泰进行深度合作。由此阿里巴巴开始全面布局线下实体店商，从而将线下流量引入线上。另外，阿里巴巴也能够掌握这些线下门店的消费数据，进一步补充阿里巴巴大数据缺失的部分，让他们对消费者的了解更加精准，能进一步帮助线上平台商家进行销售。

线上电商向下布局解决了与消费者建立信任感和亲近感的问题，最终实现将线下流量引入线上。实体零售店利用自身优势，在努力建立品牌认知度和顾客信任感的同时，也应该在线上提供服务和产品。让消费者除了实体消费外，真正地打破时间和空间上的限制，从而使整个消费流量在线上和线下融合的空间中充分流动。新零售端网化并不仅仅是拥有线上和线下的各种渠道端口，不管是线上往线下引流，还是线下往线上延伸，重点在于这些渠道的深度融合。

四、三端一体化

我们这里的三端主要是指零售终端、物联网端和数据端。

我们知道线上线下一体化融合发展是新零售的主要特征之一，但并不是新零售的全部。要想真正实现融合，必须保证线上和线下商家连通，线下用户数据顺利向线上传输，线上用户数据向线下沉淀，而零售产品将通过物联网与消费数据有机连接。在这样的融合下，消费者才能实现消费的无缝体验，这就需要零售终端、物联网端和数据端的三端合一。

零售终端包括线上和线下的各个零售终端。在特定的消费场景中，线上和线下终端所担负的功能是不同的，线下终端给消费者带去的价值应是体验和了解，而线上终端给消费者带来的价值应该是商品信息和购物的便捷性。

在各个场景中，消费者的消费行为和产品等各个方面的信息在物联网端都可获得。不仅如此，物联网端还能监测消费者和产品所在的环境信息。所有这些信息都通过数据端进行收集和整合，并结合消费者之前的消费信息进行分析，从而能够预测消费者的消费需求和消费意愿。

零售终端、物联网端和数据端的三端合一，真正使线上和线下零售无缝对接。通过信息技术，各个终端充分展现其最大价值。三端合一使零售商以较高的效率为消费者提供其所需的产品。

在三端合一方面，由阿里巴巴投资的"盒马鲜生"的做法可圈可点。盒马鲜生线下店涵盖了实体体验和线上销售业务，线下店兼顾了实体店和仓库的角色。盒马鲜生实体店不仅有零售实体店所需要的各种要素，同时还有强大的数据技术支持和各种传感器支持，实现零售终端、数据端和物联网端三个端口的连接。

盒马鲜生的线上入口不仅有属于自己的APP，同时还可以借助阿里巴巴旗下的各个端口来进行导流（支付宝、天猫等）。在盒马鲜生门店，消费者通过盒马鲜生APP扫描产品的条码，可以获得大量有关商品的信息及产品的消费评价。

在数字化和物联网化方面，盒马鲜生也做了很多工作，如盒马鲜生的所有商品标签全部采用电子价签。电子价签是三端合体的实现工具之一。如要更改商品价格，盒马鲜生只需在数据端更改相关数据，就能够实现各个端口商品价格的实时变动。如此一来，除了保证各个端口的统一管理外，还能够大大降低人工成本和手动失误率，从而提升了零售商的管理效率。除了产品价格，电子价签屏幕上也会显示对应商品的库存数量及陈列信息,从而真正体现出零售终端、物联网端和数据端的一体化。

在数据端和物联网端的连接下,盒马鲜生的商品具体位置信息显示在手持终端的屏幕上,既能让后台及时检查产品信息,也能使消费者获得无缝的消费体验。盒马鲜生实体店如图1所示。

图1 盒马鲜生实体店

盒马鲜生的零售终端、物联网端和数据端的主要连接工具是其APP。消费者在盒马鲜生进行消费时,只能通过APP或支付宝进行付款。如此一来,不仅能够增加消费者的消费黏性,零售商还能获得消费者的各种消费数据,掌握消费者的消费动向和偏好。

除此之外,由于盒马鲜生打通了与支付宝的数据通道,就能借助阿里巴巴的大数据力量，充分实现其广告和营销价值，同时为仓储和配送提供坚实的基础。这种数据打通后，盒马鲜生在降低自己仓储成本的同时，也能提高配送的及时性，颠覆传统零售模式。

作为拥有 2100 多家门店，全渠道会员总数超 3000 万名，2016 年销售额 60 亿元的零食品牌，良品铺子同样也开始了三端合一的进程。从 2015 年 9 月开始，良品铺子就和 IBM、SAP 达成合作，投入了 5000 多万元做后台系统，打通前、中、后台，整合 10 多个系统、33 个线上平台。这样一来，良品铺子就可以完成自动补货。良品铺子门店每销售一件产品，后台系统就会自动生成库存的减少量。当库存量不足以支撑 3 天的销售时，系统的最低库存预警池就会报警。与此同时，总仓物流就会收到该门店需要配货的通知，并及时配货。

除此之外，IBM 对良品铺子商品、会员、营销、订单、库存、财务管控等 10 多个业务后台系统进行了渠道整合。使用后台数据对商品品类、陈列空间、消费行为和库存进行分析，能够预测不同季节各个门店的热销产品。

另外，在良品铺子数字化门店，与商家发生交易和互动的顾客，全部都被记录下来。例如，你在自媒体里发表了对美食的评论、对健康的评论、对旅游的评论，良品铺子的系统会把这些记录全部抓下来，进行精准分析。良品铺子的数字化解决方案如图 2 所示。

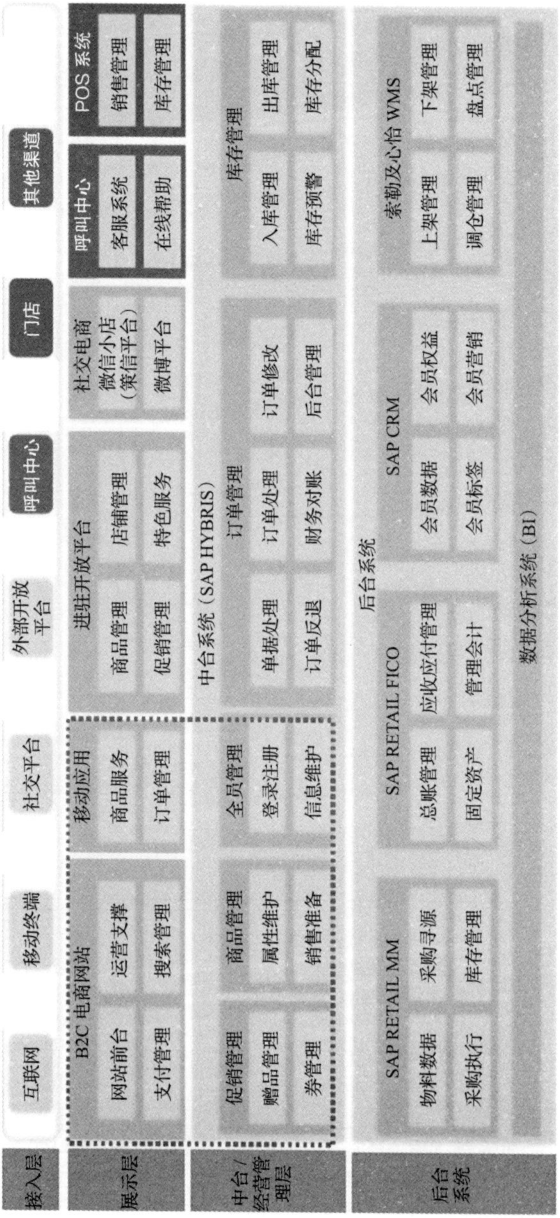

图 2　良品铺子的数字化解决方案

大部分实体零售店之所以现在遭遇危机,本质上是没有解决两个问题:一个叫搜索阻力,就是说消费者不容易获得商品的信息;另一个叫位置阻力,是说消费者的居住地,阻止了他们购买商品,比如某个品牌只在北京、上海有店铺,其他城市的消费者就无法购买。如果通过三端一体化融合,把这两个问题解决掉,那么就意味着新零售的到来。

五、终端的社交化

你也许经常会遇到这样的场景,一位朋友告诉你她买了一个价值不菲但非大品牌的护肤品。当你问她为什么买,效果如何时,她的回答可能仅仅是:"因为是别人推荐的,效果我也不清楚。"你会发现,我们买的东西中有很大一部分其实是朋友推荐或者周围朋友在用的。这些现象实际上在提醒我们,未来新零售要非常关注社交力量对销售的广泛影响。

在传统零售模式和信息不对称的情况下,人们买东西首先是看品牌,因为品牌意味着更值得信赖,风险更小。社交媒体的发展,使得信息在朋友间的传播越来越便捷和及时。现在消费者买东西首先会看看周围的人在用什么,一个圈层的群体使用的品牌呈现明显的一致性。

我们其实已经置身于一个高度社会化的商业文明中，而这种社会化最先体现在消费者属性上。在传统商业文明中，消费者因为社会化程度低是以单个个体存在的，因此社交对商品交易的影响非常小。到了移动互联网时代，现在的用户通过社交媒体（微信、微博等），社会化程度远远高于之前的一切时代。人们不仅能够和熟悉的人构成非常好的圈子，还能与关系不是很近的朋友形成很好的连接。而这种连接则大大改变了传统零售的商业逻辑。

在传统零售中，一个消费者说产品好，能影响7个人，说不好时可以影响14个人。但在今天的零售中，当一个消费者说产品不好，最少能影响140个人，而且其扩散范围和速度相比以前得到了成倍的增加。

传统电商时代，社交媒体与零售的联系非常弱，最多也就是通过点击社交平台上的广告超链接进入产品页面。而在新零售时代，通过社交媒体不仅可以直接进入零售商所搭建的平台，而且社交账号与零售平台的账号甚至可以打通。这样做不仅减少了消费者注册一个新账号的麻烦，同时对零售商来说还能够方便收集到有关消费者的社交信息，从而能够更加精准地进行销售。

为了促进这种社会化连接，零售企业往往会鼓励消费者向自己的社交圈中转发相应的信息，并获得该平台的相应优惠（如购物券等）。通过这种社会化连接，零售平台不仅能够收获幂指数的传播效应，同时也获得了大量新用户。

在零售端网社交化中，以社群为基础的粉丝经济显得非常典型。借助粉丝经济这种模式，零售商通过某个兴趣点来聚集朋友圈、粉丝圈，给用户提供多样化、个性化的商品和服务，最终转化成消费。

在社会化连接下，零售领域中消费者—消费者、消费者—零售商的关系也发生了变化。在传统零售中，消费者与零售商的连接呈单向性，即零售商能够给消费者提供什么，消费者就消费什么。在这样的连接下，零售商与消费者的沟通和交流频率非常低，关系仅限于简单的买卖关系。

而在社交零售下，零售商与消费者之间的关系不仅仅是交易关系，还可以是及时连接的"朋友"关系。随着沟通成本的降低，零售商可以24小时与消费者进行沟通，倾听消费者的建议和反馈，及时解决消费者的疑问，做好售前和售后服务。

同时，零售商在与消费者接触时不再显得冰冷，如一些零售商就采用了更多拟人化的机器工具更好地与消费者进行交流，大大拉近了与消费者之间的关系，如亚马逊就使用了昵称为Alexa的工具。

由于在社交媒体环境下，消费者广泛而紧密地与其他消费者连接，主动在社交平台上发布与产品或品牌相关的各种信息，并与有相同兴趣爱好的消费者进行交流，从而对新零售产生了巨大的影响力，这使得零售商不得不考虑向社交方向渗透。

实体零售商银泰为了充分利用社交，开始了实质性的社交化操作：闺蜜圈。银泰的"闺蜜圈"是指三个或大于三个以上的朋友划归为一个圈子；圈子的名字由成立这些圈子的消费者进行自定义，而且其功能和各种配置也都由这些人定义。在这个圈子里，人们兴趣相同，彼此分享产品相关信息和购物信息，从而充分地发挥社交圈的最大价值。

由于女性本身就具有非常好的社交属性和强烈的购物欲望，银泰瞄准女性消费者，为其创建闺蜜圈的意义也就不言而喻了。这一举动是银泰进行社交化零售的一次试水。

除了上面提到的线上社交，线下的社交对零售也显得非常重要。我们前面提到过OPPO和vivo这几年的实体门店取得了非常耀眼的成绩，在手机行业异军突起。我们前面在分析原因时，提到了他们与渠道商建立利益协同的机制。除此之外，其成功的原因还与社交性有关。例如，在很多三、四线城市，OPPO、vivo手机门店扮演的角色已经远远超出了销售空间的角色，它还是当地人们聚会社交的场所，大家都可以在这里汇聚聊天、交换信息。也就是说，此时的实体零售店已经不仅限于销售的角色，人们通过产品发生联系，从而在实体店中进行社交活动，而零售商则通过这个社交空间，通过产品为消费者提供解决方案。

六、端网化与退货率

退货一直是全球零售业面临的大问题之一，特别是对于电子商务来说，居高不下的退货率一直是令在线零售商最头疼的问题。根据零售咨询及技术服务公司 Retail Equation 和 National Retail Federation（简称 NRF）2015 年发布的报告，美国零售行业在 2015 年的退货商品价值达到 2605 亿美元。而这笔钱如果变成销售额，足以使一家公司挤进世界财富 500 强的前三位。

在中国，这几年天猫"双十一"辉煌的成交量背后，其惊人的退货率也是令人咋舌。2013 年"双十一"电商退货率平均占到销售量的 25%，部分商家高达 40%。到 2015 年，"双十一"天猫女装与男装成交额第一名的"韩都衣舍"和"杰克·琼斯"退款率高达 64.09% 和 38.25%。中国行业研究网的数据显示，2016 年"双十一"的退货率达到 25%，部分商家达 40%。

以服装为例，目前大多数网店可以 7 天无理由退款。对于服饰类的商品而言，消费者因无法在购买商品之前去试穿商品，因此往往买到的商品都以尺码不符而退货。有的人甚至会把可能合适的全部买下来，到货后他们再把满意的款式、尺码留下，其他的统统退货。

退货不仅会降低消费者对品牌和零售商的好感度，对卖家的冲击更大，特别是在"双十一"这样全国性范围的折扣活动中。在这类折扣活动中，大部分的产品做出了一部分的优惠，再加上大量的囤货、员工加班等无形和有形的支出，使零售商承担风险加大。退回来的产品大多数会被再次折价处理，最终不断压缩各商家的毛利。更直接的损失在于已经邮寄或者发出的货物的运费、包装费与人工费用。频频退货不仅是社会资源的一种浪费，更是给物流运输造成了庞大的压力。

对于电商而言，期盼物流快递是一条射线，从一个点发向另外一点，不要返还。但退货相当于再以买家为点，往回画一条射线。对广大消费者而言，这是一项可以行使的权利，但是对商家而言却是物流资源的重复支付。

成交量背后的退货率往往决定着商家是否能够盈利，甚至是否能够继续生存。若能够真正地解决居高不下的退货率问题，对于商家来说无疑能够极大地提升其运营效率，提高利润率。

令在线零售商头痛不已的高退货率发生的原因有很多，如产品尺寸不合适、产品质量不合格、产品实物远远低于预期等。从本质上来说，上述原因的产生根植于纯电子商务本身的缺陷，消费者在收到在线产品前无法亲自体验该产品，得到的有关产品的信息也都是来自线上商品评价和产品介绍。

在新零售时代，如果线上和线下的零售终端得以相互连接,并借助大数据的力量让零售商更加了解消费者,消费者也更了解商品,那么退货率的问题也就自然而然地得到了解决。

通过收集零售终端的消费者数据,零售商能够更加有针对性地为消费者提供产品或进行营销,有效提高消费者的满意度,降低退货率。例如,美国轻奢品牌公司Kate Spade &Co.通过与美国大数据服务咨询公司True Fit合作,其退货率就降低了18%。

新零售中,线上与线下的端网化之所以能对降低退货率有重要作用,主要是因为在线下实体店创建了产品的使用场景,而消费者在这个场景下对产品进行体验,获得了对产品各个方面更加立体的感知。并且实体店通过店中的各种终端系统(自助服务端口、平板等)和销售人员向顾客介绍产品或解答相关的问题,使消费者进一步了解该产品。在对产品获得更全面、更加立体的感知的基础上,消费者再通过线上购买,其退货的可能性将会大大降低。根据飞牛网的数据,家电销售在实体店看完货再到线上购买的家电退货率大约仅占2%。

除了实现端网化外,零售商还应该通过了解消费者的退货原因来尽力降低退货率。一般退货的原因大多是产品与描述不符、尺寸不对、质量原因等。

如果遇到实物与描述不符时,消费者要求退货,卖家就要审查一下产品的描述是否有误。如果真如消费者所说的那样相差很大，就要赶快修改产品描述，以免有更多的退货。

如果遇到因为尺寸不对而退货的，卖家需要做的就是在发货之前跟买家进行充分的沟通，确认尺寸确实是他们需要的。另外，卖家在货物描述中最好将尺寸图文并茂地展现出来，尺寸写得越详细，退货率越低。

如果遇到质量原因要退货的，要尽量多沟通，客服态度要好，因为这个指标相对比较主观。如果是产品本身确实有问题，卖家想要降低退货率，就得把产品质量做好。

当然，还有一类是买家无理由退货，这是卖家最头痛的问题。此时，卖家还是要耐心地与买家沟通，问出买家退货的原因。这样一来是可以更加了解产品，二来可以争取尽量说服买家不要退货。

总之，零售商应该要经常梳理那些经常退货的人的退货理由，针对理由频次出现较高的原因制定相关处理措施，还可以尝试引导客户多购买同类型产品中相对退货率较低的产品。另外就是一定要多沟通，可以向失望的买家提供一些"补救"措施，如折价、礼品卡或其他让买家高兴的东西，以此降低退货率。

七、移动支付的端网化

移动支付是指消费者通过移动终端对其购买的商品和服

务进行支付的一种交易方式。移动支付通过各类移动终端设备、移动支付APP与金融机构相互连接，从而为消费者提供支付服务。

零售转型升级是行业的大趋势，国家为此也出台了相关政策性文件，从政策上加速零售行业线上和线下的融合。这必然会增强零售行业商品的流通，而在商品流通中，必然要通过货币流通起作用。货币作为商品流通的一般等价物，当商品流通增强时，资金流转必然将会呈现爆炸性的增加。

移动支付既是科技发展的产物，也是整个商业发展的需要和必然结果。移动支付连接了线上和线下的消费场景，从而为消费者打造出更加便捷和个性化的支付体验。同时，对于企业来说，移动支付体验也大大提高了企业的服务效率，减少了人工成本。

在支付宝、微信支付的推动下，中国的移动支付当之无愧处于世界领先行列，移动支付早已完全成为人们生活的一部分。在中国的很多大城市，基本上可以实现无现金消费，甚至很多三、四线城市的大部分消费场所，消费者也无须带上钱包以及各种卡去购物。根据艾瑞咨询研究估计，2016年中国的第三方移动支付的整体规模已经达到38万亿元。移动支付的全方位普及，成为中国新零售得以实现的现实基础。

移动支付在中国的发展为何会如此迅速呢？主要原因有

如下几点。

首先，移动支付的普及得益于中国智能手机的普及。智能手机的出现和发展极大地推动了移动支付的发展。根据《2016年餐饮消费调查报告》显示，消费者使用手机支付的比重从2015年的9.9%跃升至2016年的35.6%。

其次，支付宝发家于淘宝，淘宝交易本身有天然的支付需求。而且支付宝为买家和卖家提供了信用担保，这一点在很大程度上成就了淘宝的成长。可以毫不夸张地说，支付宝等第三方支付工具是中国电子商务发展的底层保障，其提供的信用度是交易达成的基本条件。另外一个支付巨头微信支付则是从社交媒体走出来的，天然有便捷性和信任感。由于微信这几年在中国民众中使用的频率越来越高，有的人几乎随时把手搭在微信界面上，这就给移动支付提供了便捷。另外，两款移动支付在界面设计、便捷性等方面都做得非常人性化，便于操作，逐渐让民众养成了移动支付的习惯。

最后，支付宝、微信支付为了支付项目落地，在各大城市大力推广，双方都投入了大量的资本，用于对代理和商家活动进行大量的补贴，现在菜市场的摊位都可以进行支付宝和微信支付。当传统零售业看到移动支付的便捷性时，为了迎合年轻一代的消费需求，也开始进行改变，进一步带动了移动支付的发展。

移动支付已经深深地嵌入到人们日常生活的各个领域，

除了衣食住行外，还有教育、医疗、投资等领域，大大地便捷了人们的日常生活。手机早已承载了人们生活的大部分内容，并成为新零售中最不可忽视的部分。

新零售通过线上线下的融合，打通了时间和空间的限制，而移动支付也突破时间和空间的界限，从而使得消费者能够在任何时间和地点获得所需的商品和服务。

另外，由于移动支付对商家和消费者而言，无须投入高额的硬件设备，都可以实现移动设备与终端读写器进行信息交互。移动支付以移动终端为载体，将各种消费信息集合到移动支付终端上进行整合管理，从而为用户提供十分方便的支付方式。

对零售商而言，移动支付平台除了可以收取账款外，还能收集各种消费信息，形成可以产生消费洞察的数据库。零售商通过大数据等技术整理和分析消费者信息，就可以对消费者进行立体的用户画像，从而达到随时随地为消费者提供更加有针对性的服务和产品，体现新零售以消费者为核心的理念。

对零售商而言，移动支付平台还能成为线上线下引流的入口，如支付宝、微信等能够将流量引入线上商城、外贸等零售平台。同时，移动支付平台也能通过发布各种零售信息和优惠券将消费者引入实体店铺。

对于移动支付平台来说，与线下零售行业进行合作，不仅能够扩展线下移动支付场景,增加用户黏性,还能获得各个零售商集成的海量数据。平台的大数据能力和O2O解决方案,能够帮助传统零售商实现更科学的数据化运营和客户管理。

作为各种消费场景和消费信息的集合、各种端口的入口,移动支付平台的创建成为各大互联网公司的竞争之处,他们都在全面布局自己的支付业务,可以说是战火连天。但是,由于支付宝和微信本身独特的优势,支付宝和微信在这场移动支付大战中取得了实质性的胜利。微信支付通过社交创造各种支付场景,如红包、转账和优惠券接力等,而支付宝则更加注重与商家之间的合作和为消费者提供金融服务。

第六章

新零售的垂直化

线下实体店最辉煌的时候是综合零售时代，汇集各种商品的大型百货商场、超市等成为那个时代的零售主体。综合零售的确在一段时间内培养起了人们一站式购物的习惯，但是这也导致综合零售成本越来越高，而专业性越来越匮乏。在新技术环境下，企业必须集中力量于某个特定的目标市场，创造出产品和服务优势，来满足人们更加个性化和专业化的零售需求。

我们在前面的章节中提到过品类生态化的新零售思路，但是多品类的做法并不适合所有的零售商。对于一些实力非常有限的零售商而言，冲出重围的办法是让零售垂直化。在对行业有深刻理解的基础上，零售的垂直化市值聚焦于某个特定的细分市场，做出有特色的产品和服务以满足某一特定人群的需求。

从早些年的综合性商场，到近几年综合电商平台发展势头迅猛，他们抢走了所有市场风头。在他们的挤压下，垂直的零售门店与电商遭遇了流量和交易额的急速下滑。但是随着消费的升级，深度个性化的需求浪潮必然来临，新零售的垂直化将是迎接这次浪潮的供给品。

一、综合零售与垂直零售

中国的电子商务在起步阶段其实有很多垂直化的商城

（Vertical E-Business），如以电器起家的京东、以图书起家的当当等，但是随着大规模资本的进入，这些网站开始慢慢变为多元化电商（Directindustry E-Business）。之后，像凡客诚品、麦考林、好乐买、乐淘网、佳品网、品聚网等这些当年风光无限的垂直电商一个个死的死，伤的伤。在只有扩大规模，才能做大做强，才能降低成本获取高额利润的理论指导下，甚至有人喊出了"垂直电商将死"的口号。

中国早期的电子商务除了垂直电商外，还产生了很多多元化的电商，如阿里巴巴的天猫、淘宝等。这些网站就像百货商店，为所有产品提供一站式的交易服务。

其实，综合电商表面上很综合，但是实际上各个品类的运营还是相当独立的，也就是说，相当于把一个个垂直类电商组合在了一起。就像美国最大的购物网站亚马逊，其经营的产品尽管五花八门，但各类目都有自己的专业团队独立运营。

垂直电商的确凋零了不少，但是也有很多垂直电商在崛起，如奢侈品领域的寺库，母婴领域的贝贝，以及跨境领域的网易考拉等。2017年9月22日，寺库在美国纳斯达克证券交易市场正式挂牌，上市之后的寺库还将开设更多线下体验中心，做好线下线上的融合。

而在线下，一些垂直类的零售因其专业性仍然受到了市场的高度肯定。例如，1978年从美国得克萨斯州奥斯汀大学城起家的美国全食超市（Whole Foods Market），一直以来就坚持做很垂直的天然食品和有机食品零售商，也是美国第一家拥有"有机食品认证"的商店，如图 1 所示。截至 2017 年上半年，全食超市在美国、加拿大和英国拥有 460 多家门店、约 87000 名员工。

全食从来不做广告宣传，完全靠顾客口碑。与沃尔玛的"天天低价"相反，全食超市的策略是"天天高价"，所有食品的价格会比普通食品高 40% 到 175%。创始人 John Mackey 甚至认为，综合性零售观念在美国已经不复存在。他发现，很多人可能只为了买一块鲑鱼就走进全食超市。因为，他们认为这里更专业，喜欢这里的服务，这里的食物味道也更好。

图 1　全食超市内品种丰富的天然有机食品

2017 年 6 月 16 日，全球最大的电子商务网站亚马逊宣布以 137 亿美元（约合人民币 933 亿元）的天价收购全食超市，这是亚马逊成立以来最大的一笔收购。贝佐斯在新闻稿中说："有数百万人喜欢全食超市，因为它提供最好的天然有机食品。"全食超市以其在某一垂直领域的专业产品获得了消费者的认可，也获得了资本市场的认可。

在国内，易果生鲜也在垂直生鲜电商中做得风生水起。他们不仅建立了生鲜平台，而且在2015年开始整合便利店，相当于把这些实体店当作易果生鲜在线下的分销平台。

其实，垂直而形成专业化的产品、服务和体验是垂直零售的永生之道，是任何综合零售平台无法比拟的。垂直零售商店是注入了特别因子的"专家型门店"，不管是从垂直品类的丰富性，还是产品品质，或是售后服务及其产品使用，垂直零售都可以通过专业化更好地满足消费者的专业需求。

一般而言，垂直零售有两层含义：一层含义是商品品类的垂直，如前面提到的聚焦天然有机食品的美国全食超市，这类垂直零售店非常注重产业链上下游资源的整合，从而可以在某一品类中为消费者提供具有更多附加值的产品和服务；第二层含义是目标人群的垂直，如聚焦在母婴群体的贝贝网，这类垂直零售通过挖掘某一特定人群的需求，进行品类布局，满足特定人群各个方面的需求。

但是不管是针对垂直人群还是垂直品类，归根结底都是照准一个细分市场，满足用户的细分需求。因此，在垂直零售开始的早期，一定要将细分领域做得足够专业和独特，放弃对规模的一味追逐。垂直零售最重要的是要找到与多元化零售差异化的消费群体，这种区隔越明显就越可能通过有特色的商品和服务占领垂直市场。当然在选定领域时，也要考虑这个垂直领域是否有足够大的市场空间。垂直零售商首先要确保自己从事的行业具有足够的市场容量，能够支撑企业未来的发展，而对于发展的速度则更讲求适度。

垂直零售与综合零售比较起来，本身的构建来自相关行业的专家，他们对行业的认知及技术研究发展趋势上有着权威的把握，更具专业性和引导性。这类垂直零售商提供的产品往往在行业内享有自己的声誉，能够被受众认可。

垂直零售明显的优点在于能够很好地贴近消费者专业性的需求，这是那些相对显得"平庸"的综合零售不能相提并论的，垂直零售商能够时刻完善自己在某一垂直领域的专业性，提升自身在行业内的威望。

其实，在综合性电商发展的早期，大部分电商一开始是从垂直起家的，像阿里巴巴那样直接就做综合模式的还是极少数。如果综合性电商要在某一垂直领域获得市场认可，一般而言必须要做出极大的牺牲，拿其他品类的利润去补贴这种损失。例如，当年京东图书为了对抗当当图书，就是牺牲了其他品类的毛利来进行补贴的。红孩子也是由于综合性电商平台牺牲这一品类的利润而导致销售大幅下滑，不得不低价卖给了苏宁。这从另外一个侧面说明，垂直零售具有非常高的价值，值得那些综合性零售去拼杀。

综合性零售平台的兴起的确在一段时间内培养起了人们一站式购物的习惯，但是这也导致综合性零售成本越来越高，而专业性越来越匮乏。随着电子商务的发展，大平台的流量成本不断增加，越来越多的零售商必然要另辟蹊径，通过细分零售市场走上了深度化的垂直化道路。

二、深入产业链的垂直

在综合性零售平台像黑洞一样吸食各种流量和商品的时候，很多垂直零售企业感觉无法发力。其实，任何一款零售商品都要依靠大产业链的整合协作才能增加其价值。一条完整的产业链至少包括了原料供应、设计、研发、生产、推广、渠道、售后等几个部分。如果零售商能够深入产业链，把产业链整个体系的价值好好挖掘，这里面就有可能产生垂直零售的机会。

在垂直电商领域，网易严选可以说是异军突起，成为不折不扣的黑马。2016年4月上线，网易严选在8月时流水就超过了5000万元。2017年年初，网易CEO丁磊宣布，2017年网易严选的目标是实现成交总额70亿元。这对于一个电商新秀来说是一个相当不错的成绩。

网易严选的成功在某种程度上，就是深入产业链找到的机会，也是抓住了中国消费升级的机会。如果把这两点把握好，就有可能在一个有巨头盘踞的行业中找到机会。

关于消费升级，企业家和学者专家都说得比较多，但是都说得很笼统，没有形成一个可量化的指标。2017年4月，在"2017新消费论坛暨新消费指数发布会"上，阿里研究院提出了"品质消费指数"这一概念来衡量消费升级。它的意思是，中高端及以上的商品消费金额在总消费中的占比，占比上升就表示品质消费上升，也就是消费升级。

如果用这个指数来看最近几年的市场情况，就可以发现社会消费品零售总额的增速在下降，而品质消费指数在上升。从2012年1月到2017年3月，中国社会消费品零售总额增长速度下降了5.3个百分点，而品质消费指数上升了7.2个百分点。5年前，只有1/4的网购商品属于中高端商品，现在这个比例超过了1/3。从这个品质指数的变化看来，消费升级的确真实存在。垂直零售，就是要做消费升级的生意。

网易严选正是看到了这个升级的机会，看到了消费者越来越在乎品质的消费趋势。另外，中国制造业中有一些企业，他们有足够好的制造能力但是品牌知名度却没有被发掘出来。如果把这两者结合起来，就是一个利用人群垂直的零售机会。

网易严选深入研究了中国制造产业整个体系，充分利用了中国企业擅长制造而疏于研发和品牌的特点。一开始，网易严选就确定了"好的生活，没那么贵"的商业理念，并为此展开一系列的做法。网易严选试图打破一线品牌高品质和高溢价并行的价值结构，节省新品牌塑造成本并为释放制造环节优势创造直通车。

为了做到"好的生活，没那么贵"，网易严选一是削减中间商成本和品牌溢价，二是通过自建电商平台对整条产业链进行重组。为此，网易严选的采购人员深入各个原材料的核心产区，从原料选择到产品设计、打样都与制造商保持密切沟通和监控。品控方面，网易严选会要求制造商先行打样，再自费将样品送往全球权威的第三方检测机构——Intertek、Bureau Veritas、SGS 其中一家进行质检。更有产中检测、产后检测、入库检测、巡检、抽检等诸多环节。

网易严选这种 ODM（原始设计制造）模式为其"好的生活，没那么贵"的理念实现，提供了强有力的支撑。它能去掉高昂的品牌溢价、挤掉各种广告推广成本、剔除中间环节，使价格回归理性，从而为用户提供物超所值的品质生活产品。

在传统零售供应链中，那些做生产制造的企业往往处于弱势地位，强势的渠道方不仅把压账期当成家常便饭，甚至还会一再压榨本已少得可怜的利润。网易严选为了吸引更多的优质制造商，保证稳定性，他们公布了这样的政策，每次和制造企业合作都会维持 3～5 年，不给他们带来资金上的困难，给所有的合作企业按照银行定期利率支付压款利息。

与优质制造企业深度合作，网易严选可以相对有效控制产品品质及价格，又不会因为模式太重影响扩张。这对于传统零售业来说是一个不小的创新。

2017年的"6.18"购物节网易严选抛出了"精致主义"主题，可以说网易严选作为品质生活电商已是行业"带头大哥"。网易的精致主义在其设计的这个环节上就可见一斑。

网易严选在商品设计、包装设计、网页设计等方面都寻求高颜值、精致的特点。网易严选的设计团队会根据消费者的需求和严选本身的风格，提供日式、北欧、新古典、新中式等不同的设计方案，再由供应商进行生产。除了本身的设计中心，网易严选拥有将近400人的外包团队，除了有很多国内设计师外，还有来自日本、韩国、丹麦、法国、意大利的自由个人设计师及设计团队。

网易严选的截图如图2所示。

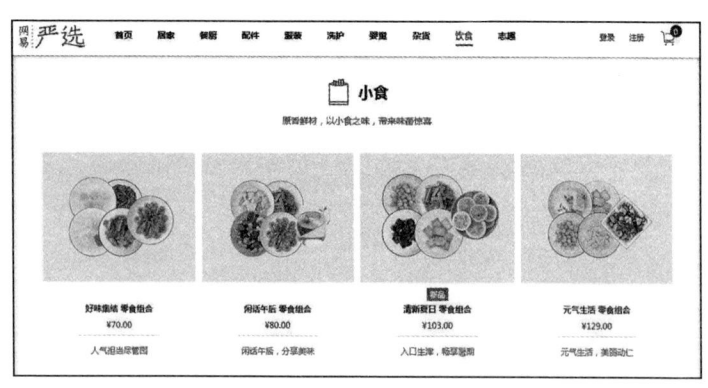

图2 网易严选的截图可以看出其对"严选"二字的诠释

网易严选由网易 CEO 丁磊亲自掌舵，这个掌门人对工匠精神的追求在网易严选的成功中也扮演了重要角色。曾经 32 岁成为中国首富的丁磊在互联网"大佬"中，对产品的把控可以说是十分独到的。他个人其实早就开通了"丁磊的私物精选"专栏，推荐好物。在他看来，一个企业或者产品想要长寿，靠的是精益求精的工匠精神。这些年来网易邮箱、网易音乐、网易新闻、有道云笔记、网易游戏等都在印证他的这一说法。"网易出品，必属精品"成为网民很认可的一句口号，把网易的品牌企业形象与"品质"二字紧密相连。

日本寿司之神小野二郎说："你必须穷尽一生磨炼技能，这就是成功的秘诀。"对待寿司，小野二郎 75 年如一日，永远探寻着巅峰。他的徒弟中泽在经历了 10 年的基础训练之后，方有机会尝试煎蛋。而且他又在煎了 4 个多月的蛋后，才做出了第一个满足师父要求的成品。这种追求精致的精神，也对丁磊有一定的影响，他无论做产品还是做业务，处处透露出一股精致。

网易严选的成功除了专注消费升级和在产业链的深挖上下功夫外，网易邮箱为其引流也功不可没。打开网易邮箱会发现，严选已经占据了邮箱首页的广告位，如图 3 所示。

面对网易严选的成功，众多电商似乎也看到了对消费升级群体进行垂直化的机会，于是京东推出了"发现好货"，阿里巴巴则发起了"中国质造"。相比于京东"发现好货"的悄无声息，阿里巴巴的"中国质造"则发起了一轮又一轮的路演。与网易严选类似，阿里巴巴的"中国质造"也是寻找那些有良好品质、制造能力，而在品牌上有短板的制造商进行合作。阿里巴巴希望未来将扶持100个产业带，1000个明星品牌，推动10000家传统企业转型升级。

图3　网易邮箱登录界面上对严选的推介

三、定制化与小众原创

自从19世纪末（1897年）意大利经济学家帕累托提出"二八法则"以来，它在各个领域都对人们产生了深远的影响。人们发现，我们获得的信息、资源、财富及可选择性的一切物品基本上都由这20%来决定。在其影响下，人们往往关心和关注的焦点都在这20%，也就是关注在何种情况下可以通过最少的投入获得最大化产出，追求规模效应成为商业的共识。

与这种追求规模效应不同，《连线》杂志前主编克里斯·安德森关注到了"二八法则"中的80%一端，并且在2004年提出了影响深远的"长尾理论"。它的意思大概是，只要存储和流通的渠道足够大，需求不旺或销量不佳的产品共同占据的市场份额就可以和那些数量不多的热卖品所占据的市场份额相匹敌，甚至更大。长尾理论认为，企业其实可以通过对市场的细分，集中力量于某个特定的目标市场或严格针对一个细分市场，或重点经营一个产品和服务，创造出产品和服务优势。长尾理论模型如图4所示。

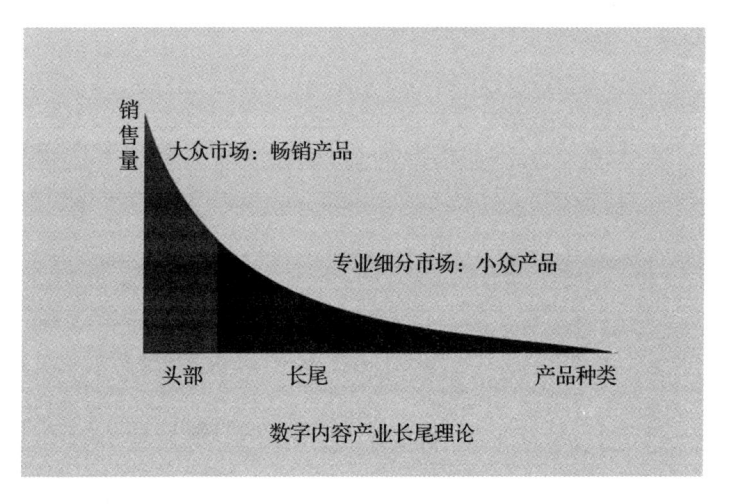

图4　长尾理论模型

图 4 中，左端的短头就是规模经济，右端的长尾就是范围经济。拿零售行业来说，规模经济就是品种越少，成本越低，它反映的是生产要素的集中程度同经济效益之间的关系，而范围经济是由范围的拓展而带来的经济。通俗来讲，规模经济通常追求单一品种，大规模生产，范围经济通常追求的是多品种，小批量生产。

"长尾理论"自始至终谈的都是品种多样化的问题，认为这样做会带来更多用户选择，更好地满足用户的个性化需求，是一种可以有效回避价格战的增值之道。这一点在新零售时代是必须引起我们关注和借鉴的。在信息技术不发达的时代，长尾理论的应用受到许多局限，但是这种局限未来将会越来越小。

Google 的成功就在于它找到并铸就了一条长尾，如 Google 的 AdSense 服务，面向的客户是分散在网络世界中无数的中小型网站和个人。对于传统的广告商或者媒体而言，这个群体中的个体价值十分有限，甚至不值一提，也许是几十元、上百元的收费。但是 Google 却可以通过互联网信息技术为其提供个性化定制的广告服务，将这些在长尾中数量众多的群体汇集起来，形成了非常可观的范围经济。

山东红领集团在运用长尾理论上面，也迈出了坚实的一步，成为这几年很多企业竞相参观学习的对象。

常言道，"看菜吃饭，量体裁衣"。非工业化时代的量体裁衣终究因为成本太高，无法实现规模效应而逐渐衰落。随着工业化生产线带来的制式服装量产，规模经济得以实现，但同时以顾客为中心的量体裁衣也变成了标准尺码。尽管随着消费观念的升级，越来越多的消费者不再满足于工业化千篇一律的制式成衣。但高端定制服装的价格往往又令人望而却步。

定制化、个性化的商业实践长期以来受技术条件的限制无法实行。如今工业化思维已经面临变革，打破工业化规模成本的工具已经出现。受此影响，未来工厂追求的目标将不再是大规模生产，而多品种、定制化、小众原创的"私人订制"趋势将越来越明显。

长久以来，人们生活在物质、资源、信息匮乏的时代，因而选择也无法遵从内心和需求出发。但随着互联网的出现，这一切都逐步地改变了，热门与冷门、主流与非主流、中心与边缘之间的界线正变得越来越模糊，一种产品卖遍天下的时代正在结束，地位正在被多样化的市场取代。

尽管在这个时代，我们仍然没有办法为每一个人提供完全不一样的东西，但互联网所提供的交易方式，消除了传统有形的空间壁垒，提供了无限的选择，互联网降低了接触更多人的成本，有效地提高了市场的流动性，为更多的产品和市场提供了可能。互联网的出现，让大热门不再是一统天下的局面，市场上出现了大大小小的"蛋糕"，只要找到人们的需求，就可以找到一个利基市场，分得市场的一块"蛋糕"。

市场已经进入到一个以个性化定制来满足各式需求的时代，"私人订制"的趋势越来越明显。定制化服务能够带给消费者的是个性化的需求满足，这是一种量身打造、有需要有供给的活动，是未来发展的趋势。为客户提供有针对性、个性化产品将变得尤为重要，高端智能解决方案与定制化服务将成为新的增长引擎。

在能实现低成本定制的情况下，"私人订制"为消费者带来的好处是显而易见的。一方面，消费者可以以更便宜的价格获得质量更好的产品及服务；另一方面，消费者眼前的选择也更多，不再是千篇一律的同质化产品。

在传统工业化生产模式下，个性化定制与大规模的标准化生产之间存在着天然的矛盾，定制化生产天然意味着高成本和长周期。而大规模生产却可以做到成本低、效率高、交货快。

在新零售产生之前，也有很多定制化的生产存在，如一些服装定制。但遗憾的是这些定制化往往规模小，成本高，且交货很慢。以西装定制为例，由于从量体、打版到剪裁、缝制、熨烫都需要手工制作，尽管这样能够最大限度上满足个性化需求，但效率实在太低。如何在工业化流水线作业与定制化两种模式间取长补短，一直困扰着企业。

在今天的互联网技术、大数据已经柔性化生产的背景下，要实现将两者的结合已经有了充分的条件。山东红领集团的服装生产就在一定程度上解决了这个问题。那么，他们是如何解决这个问题的呢？

首先，他们以互联网的方式收集消费者个性化的需求信息。尽管这种个性化的需求在某一个区域内，数量极其有限，无法实现大规模生产。但是扩展到全国区域，就可以实现 C2M 的个性化大规模定制。这种先卖后做的方式，很好地解决了库存的问题，降低了成本和风险。

在设计环节，他们又通过互联网实现众包、众创，调动在互联网背后各个区域的设计师、研发等方面的力量，以极低的成本解决传统方式在设计、研发方面的高投入。

其次，在整个服装的供应链系统环节，红领后台数据系统打通消费者和生产者的信息沟通，让产—消双方直接交互，减少渠道障碍和各种成本。

在红领公司内部，他们通过组织体系的变革，努力实现去科层、去部门、去审批、去领导化，大幅度减少了管理人员，进一步在管理上节约成本。通过大数据、智能化的方式，减少人为的干预，更好地满足消费者需求。

最后，在服装的具体生产环节，红领集团通过对工序、工艺、工时、工价的高度标准化、数字化，实现了生产过程的全数据驱动，降低了企业对熟练工人的依赖度。

红领集团工厂如图 5 所示。

图 5　红领集团工厂

同样，在美国也有一个很好的利用互联网实现了个性定制化的案例，这个公司叫 Shoes of Prey。

在这家公司的网站上，顾客首先可以从 12 种通用的鞋型中选择自己喜欢的鞋子。当选中某一款后，网站又会针对鞋跟、鞋背、鞋尖和配饰提供不同的设计，顾客可以从中进行非常个性化的选择。顾客的每次选择，网站都会自动出现最新的预览图。

如果顾客点击鞋子的不同部位，就可以进行颜色和材质类型的选择。然后 3D 模式的鞋子图片会在顾客选择后转动起来，方便顾客更好地预览。Shoes of Prey 公司发现，如果定制化产品的模型复杂程度提高，客户的在线转化率会提升 50%。所以对于他们来说，个性化不但不是一项成本，反而是一种提高成交率的工具。

与个性化定制相关的一个词是小众原创，它强调很小众，更强调原创性，这在新零售时代也将是一个趋势。

曾任美国人格与社会心理学协会主席的罗伯特·西奥迪尼博士，写过一本很有影响力的著作《影响力》，这本书被《财富》杂志评选为75本必读的睿智类图书之一。该书中提到有六大影响力元素，其中重要的一个是社会认同。他的意思是，如果某句话、某件事或某一产品获得了人们的认同，那么它将会产生巨大的影响力。而认同的原因，在于这些人有相同的兴趣爱好。回到我们探讨的零售行业来说，小众品牌之所以会有市场，能在某一垂直群体内获得影响力，就在于获得了这部分群体的社会认同。

以往在一个垂直群体内获得广泛的认可很困难，因为本身要连接起这个群体就非常难。但是互联网社会，人们只要会使用社交工具，就能认识大量有类似兴趣爱好的人。社交工具就像是一个大磁场，能吸引大量的具有相同磁场的人聚集，从而形成具有垂直属性的社群。在这个社群内，每个个体又会是一个小磁场，周边又会聚集，形成小社群。

小众原创品牌追求的是一种社群经济，需要具有相同爱好和兴趣，追求相同个性的垂直人群买单。可以说，新零售时代的小众原创品牌是市场资源配置的一种方式，通过互联网这种工具，寻找到那些潜在的消费者，汇聚他们形成一个垂直的市场。如果说小众原创品牌出现以前，市场份额由一些大众品牌占据，那么小众原创品牌出现后，市场则会被众多小众原创品牌占据，呈碎片化发展。

这在过去是不可想象的，过去的实体店小众品牌可能只是"锁定"门口经过的一部分顾客。而这些顾客群体如果在某一区域容量十分有限，那么实体店小众品牌的生存便存在极大的问题。到了互联网上就不是这样了，即使某一个区域容量很有限，但是互联网面对的是各个区域，每个区域只要有一小部分人认可，该小众原创品牌就能很好地生存。

新零售时代的小众原创品牌就是要做某一垂直群体的社群经济。在社群方面做得比较成功的"吴晓波频道"对社群有自己的理解。吴晓波发布的《自媒体700天试验报告》中说，要想运营好社群有四点：第一，内容是唯一的传播动力；第二，没有价值观认同的社群是乌合之众；第三，自组织是社群活跃的基础；第四，有价值的自媒体必须探索电商模式。

简单来说，社群经济公式就是：社群经济 = 连接 + 价值观 + 内容 + 电商。在连接方面，"吴晓波频道"2015年仅线下就举办了2000场活动，平均每天6场；在电商方面，2015年6月推出"吴酒"，5000瓶33小时售罄；接着10月再度推出"吴酒"，在72小时内销售3.3万瓶，令很多酒厂可望而不可即。

很多人认为，社群一旦触及商品交易马上就会变味。但是我们认为社群与商品交易的结合，不仅不会让人觉得可恶，弱化连接关系，反而加强了社群关系。关键是社群内是否提供了获得群体认同的小众商品，而不是什么商品都往里面堆，明白这一点非常重要。

四、垂直带来的极致体验

到目前为止，无论是电商还是线下的实体店，都无法在体验上做得足够好。要么没有便捷，要么失去了亲临现场感。因此，极致的体验感将会是新零售时代拉动新一轮增长的动力。

对于一个综合性商场而言，由于人群太杂，商品的品种也太多，是无法做到极致的体验感的。顶多能照顾到大家都需要的感受，或者说只能做到所有消费者体验感的公约数。

但是如果是做垂直零售，其涉及的产品品类就相对集中，群体也会显得纯粹，需要的感觉基本上趋向一致。于是对零售商而言，他们便可以在某一个垂直领域把体验感做到极致。当然，新零售时代还要注意线上与线下的联动，不能仅仅停留在线上或者是线下。

垂直零售应该充分利用品类集中、人群纯粹的特点，重新定义极致的购物体验旅程，调动现代技术手段让顾客享受值得回味的购物体验。如果每一次购物都能让消费者感觉到值得回味，那么每一次接触则就是有效的互动，因为做到了有效地把垂直人群放在一个忠诚度极高的社群中，其商业价值就会大大加强。这就好比一个微信群内，当什么人都有的时候，这个群是很难有活跃度的，因为谈不到一起来，自然商业价值就低。但是如果一个群内都是同类型的人，大家就会聊得很热烈，自然黏性和商业价值就高。

在新零售的环境下，实体门店由于可以通过互联网实现更多的连接，因此最终除了销售功能外，还将会具有一部分媒介的功能。但是这个媒体能否有影响力，在于其提供的垂直内容能否满足某一个群体的口味，如果不能满足，这个媒体就很难发出有力的声音。

要做到垂直零售的极致体验，零售商们还要明白一件事情，极致的体验感不是在某一个空间和某一个时间就能全部完成的，必须要在消费者可能接触的每一个点上都考虑到消费者的体验感。现在的门店以做销售为第一要义，但未来的门店是把自己定位为一个多渠道的体验点，至于产品最终在哪里成交并不重要，每一个体验感的接触都可能实现成交。

大卫·贝尔在《不可消失的门店》一书中，将购物过程中的问题概括为搜索阻力与位置阻力。电商使消费者能够在购物前查看库存、价格、商品细节等信息，减少搜索阻力。但由于有些商品的体验属性，如衣服、家居等，消费者希望能够试穿、试用，所以不会真正在网上下单，而是想去门店进行体验。从这种意义上来讲，门店凭借其展示商品、提供体验和售后服务等功能，依然具有重要价值，但是即使在门店体验好，成交也不一定在门店。在新零售背景下，线下门店要实现长足发展，必须要主动与线上进行结合。

以优衣库为例，它除了在线下仍然保持着良好的购物体验外，其线上商城体验感也是做得个性十足，销售业绩自然十分不俗。2016年"双十一"，优衣库以2分53秒打破销售额最快破亿元的记录。

在优衣库的运营逻辑中，线上线下深度互联是提高用户极致体验的最佳策略。线上线下同款同价，消费者在线上商城购买下单后，可以在全国400多家优衣库门店自提，而且线上领取的抵用券能在线下门店使用。同时，消费者在线下门店能够通过扫一扫轻松获取线上商城信息、产品介绍、库存情况等。

在2017年9月由赢商网主办的中国商业零售渠道论坛上，美特斯·邦威集团原董事长周成建先生谈到，无论是新零售，还是旧零售，都需要为品牌做极致的购物体验，并且为与时俱进的需求做升级迭代。

这里的升级主要是通过数字化的手段去完成的。上一章我们提到的良品铺子作为垂直零售的代表在升级体验上可圈可点。为了进一步提高良品铺子的体验感，他们与"饿了么"展开了合作，依靠大数据信息平台和数字化运营提高消费者的购物体验感。

首先，与饿了么的合作提高了购物的便捷性。通过饿了么平台和2000多家良品铺子门店，缩短商品的送达时间。其次，良品铺子＋饿了么大大增强了用户入口规模，达到了线上线下联动。通过合作，不只是传统企业和电商双方利益的共赢，而且还有消费者全新的消费体验升级。

与良品铺子类似，在新零售时代，各个垂直零售商都在试图通过线下线上的立体布局，打造出联通实体空间和虚拟空间的巨大网络。在这个网络中，用户能够在线上和线下实现自由流动，通过极致的体验来促使用户的体验升级。

当前，之所以会出现从电商时代迈向新零售时代的现象，其中一个很重要的原因就在于以电商为基础的消费体验已经无法提起消费者的兴致，消费者在电商购物过程中出现的不适感也越来越多。即使每年都会有各种各样的购物狂欢节，但用户体验在这样的轮番轰炸中还是出现了下降的情况。

要加强新零售的体验感，除了要注意线上跟线下的联动外，还要将更多的黑科技加入其中，真正从本质上改变消费体验的感受，才能让电商蜕变成为新零售。大数据、AR/VR、AI技术等都将成为让购物体验升级的工具。未来，我们可以借助AI技术预测到用户感兴趣的行为，提前为他们设定好能给他们带来极致体验的购物方案。黑科技的加入能够给用户带来电商时代感知不到的极致体验，这种体验才是新零售真正能够刺激用户进行消费的地方，更是新零售未来应当着力发展的一个重要方面。

五、从综合到精品

以业态的发展为标志，中国零售业的发展可以划分为两个阶段：第一阶段是20世纪90年代以前，基本上是以国有大型百货业态为主体的单一业态阶段。到了1992年，尤其是1996年以后，以连锁超市为主体，出现了多种零售并存的新阶段。

在改革开放以前，零售业态基本上无从谈起。1978年以经济体制改革作为起点，以城市为重点的经济体制改革全面展开，兴建大型商厦成为一股全国性的热潮。据统计，仅1986—1990年，全国新建出来的零售商场就几乎等于中华人民共和国成立以来的总和。

1990年以后，百货商场开始逐渐走下坡路，而大中型连锁超市开始逐年递增，其销售增长明显高于社会商品零售总额的增长，成为各种零售业态中极具市场活力与竞争力的零售业态。

随着新生代作为消费主力的出现，他们相比较于其父辈，消费习惯开始出现很大的变化，不再追求传统意义上的名牌，而是开始注重更能代表个性、价值观的精品品牌。在零售商品的选择上，多样性、丰富性成为更好的标准。这种追逐精品化的需求亦将是未来新零售时代的显著特征之一。

这批消费者对精品消费、个性化消费的追逐，对综合商场/商超的厌倦反过来会推动精品零售（Selective Retailing）的流行。我们可以从国外的几个例子中得到启示与收获。

位于德国的杜斯曼文化商城（Dussmann das Kulturkaufhaus）是全世界乐迷的梦幻去处，它的口号是"一站式媒体站"（All the Media under One Roof），无论是什么音乐乐种，世界音乐爱好者都能在此找到所求。杜斯曼文化商城以庞大的7000平方米五层楼的体量提供小众的精品商品，其专业水准与高品质的服务受到音乐爱好者的狂热拥护，如图6所示。

图6 杜斯曼文化商城营业区

除了这种庞大的垂直精品店，更多的精品店是强调小而美的。例如，芬兰赫尔辛基的一家名叫Mustahöyhen的精品店，小众与精品就是这家店的主旋律。里面销售的主要是与众不同的配饰和首饰，如 Dori Csengeri，Patrice Jewelry，Monies 等。

除了这种传统的精品店外，现在很流行的买手店、集合店、设计师品牌店等都是垂直零售中非常受欢迎的零售类型。它们定位明确、价格虽高但不离谱，专门瞄准城市新生代。

买手店是一种由欧洲人开发的商业模式，是指以目标顾客独特的时尚观念和趣味为基准，挑选精品商品融合在一起的店面。买手店的出现源于消费者对百货公司大众化审美的不满，他们专为小众和品位鲜明的消费者提供服务。因此，买手店自欧洲诞生起，便与"时尚""独特""个性化"等含义联系在一起。这种店铺里的每一件商品，都可看作是其独一无二风格的标签，而店铺本身有特别的原创设计，以体现其推崇的潮流。

买手店自 20 世纪末进入中国，到了 2010 年前后才开始迅速崛起。近几年来，不断有零售企业进入买手行业，壮大了买手店队伍。中国的买手店主要分布在华东、华南等经济发展水平较高的地区，成都、重庆等西南地区城市近年来的发展也很迅速。以上海为例，买手店扎根于各个商圈，因地制宜形成自己独有的特色。买手店的到来不仅带给商圈更多的惊喜与活力，也使得不同商圈的消费者群体差异越来越明显。上海长乐路上的栋梁买手店如图 7 所示。

图 7 上海长乐路上的栋梁（DONG/LIANG）买手店

买手店从商品到店铺设计、空间设计非常讲求情趣，吸引消费者进行沉浸式体验继而为这种体验来买单。很多买手店为了吸引精品用户，还会定期举办主题活动等，试图构建起较深的社交关系。这种带有社交属性的精品零售或许未来会成为一种趋势，让这些空间本身成为社交的渠道，而会员身份则成为一种新的社交名片。

六、社区店不死

便利店大概有 100 年的历史。美国得克萨斯州的南方公司在 1927 年首创了便利店（Convenience Store）原型，1946 年世界上第一家真正意义上的便利店"7-ELEVEn"创立。

便利店扎根社区，为居民提供产品展示、推广、销售等一体化服务，实现与社区的无缝对接，自诞生以来就一直受到人们欢迎。尽管实体店的日子不好过，电商的流量成本高昂，但很多便利店的日子倒显得相对轻松。

在日本，2016年平均每2329个人就拥有一家便利店，有24.6%的人每周至少去一次便利店。发达的便利店系统被誉为日本的"国民生命线"。便利店除了出售商品，也会提供一系列的额外增值服务。例如，日本的很多便利店就会提供从快递、邮政、干洗到影印、传真、煤气水电费等日常生活所需的各种服务，甚至可以缴纳保险等各类非公共事业费。

便利店业态最初于1990年引入国内市场，到如今在社区的一隅、街角，巴掌大小的便利店是随处可见的零售业态。从夫妻店到有精良分析系统的现代化便利店，包罗万象。

除了传统的电商开始纷纷进入社区，永辉等传统的零售商也开始做诸如永辉绿标的社区精品店。而国外的巨头，如7-ELEVEn、全家、罗森等都在加快步伐在社区布点。社区的入口一时间成为投资的风口，社区一时间成为零售的主战场。而商圈经济也大有被社区经济取代之势。

便利店的主要消费人群为附近的社区人群，而社区消费一般而言具有如下三点特征：一是碎片化，社区的居民一般遇到碎片型需求会在便利店解决；二是不同时段消费人群差别明显，如一般便利店在早上是上班、上学人群消费，中午的消费人群则以老人及儿童为主，到了晚间又是以上班族和上学族为主；三是客户群对性价比的要求会不一样，如社区老人就会追求极致的性价比，哪怕是很小的折扣都会吸引他们多买一些东西，但是对于只是在早晚出现的上班族来说，关键是便利，对价格反而不是很敏感。

根据 2017 年 5 月中国连锁经营协会与波士顿咨询公司联合发布的《2017 中国便利店发展报告》中显示，中国连锁品牌化便利店门店数接近 10 万家，2016 年便利店行业增速达 13%，销售额达 1300 亿元。根据数据显示，中国便利店销售额占实体零售额的比重从 2013 年起加速上升，2016 年便利店份额为 0.65%。并且便利店销售额增速从 2010 年起一直保持两位数，2011 年起超越百货和超市增速。百货和超市销售额增速从 2011 年起快速下降，百货在 2015 年、2016 年增速为负。

以上海为例，一个街区拥有三家以上的便利店并不少见。除了本土的连锁便利店好德（All Days）、可的、快客（Quik）和良友（Buddies）外，还有来自亚洲其他国家或者地区的便利店品牌，如 7-ELEVEn、全家（Family Mart）等。

截至 2017 年 9 月，根据我们在全家官网上的店铺查询，在上海就已经有超过 1210 家门店。全家的主要特色是鲜食，全家便利每天可以销售 30 万份盒饭，堪称最大的"小食堂"。据全家自己的调查，他们的客户 60% 是女性。针对她们的消费特点，全家便利店选择商品的诉求不是价格，而是方便，漂亮的包装及新鲜、有趣、好玩、紧追潮流的商品最得人心。上海的全家便利店除了推出差异化的鲜食产品、自有品牌外，近年来不断在店内扩充餐饮区域、咖啡区域，吸引了不少消费者前往。同样来自日系的便利连锁店罗森，给老年人准备轮椅、休息椅子，有些店铺还帮忙交水电费。对于年轻人则提供自助服务，自助收银、收发快递等。

便利店即到即买，方便直接，这是社区店不死的根本逻辑。社区型便利店、小超市是电商或电商化企业最后一搏的关键所在。现在，京东到家、爱鲜蜂都想直接从社区超市手里抢顾客。

2017年8月28日，阿里巴巴B2B事业群旗下的零售通事业部宣布将利用阿里巴巴的大数据优势，帮助全国600万家零售店，提升这些零售店的智能化、信息化水平。同时，阿里巴巴还将在未来一年内新开1万家"用数据武装"的"天猫小店"，它将成为社区生态服务的中心。

把社区便利店转变成互联网落地网点，把实体店变成线上平台流量模式的吸客器或是新零售中一个很好的落地方式。顺丰、阿里菜鸟等企业都在探索最新的玩法，力求把便利店的流量整合起来，打通线上线下的数据通道，更好地服务于新零售。

除了固定的便利店，目前越来越多的零售品牌开始尝试快闪店。快闪店就是快速开店，开几天后可能就关店。例如，由饿了么和网易新闻合作的"丧茶"快闪店就只营业4天，然后关闭再换一个地方开店。

为什么会突然兴起这样一种零售业态呢？主要是商业地产和品牌对流量的需求发生了变化。过去商业地产中的百货商场、超市等都围绕零售进行运营。电商对线下零售的冲击，导致百货商场、超市的销售还有人流量都受到了影响。由于快闪店的到来能给商业地产拉来久违的流量，因此商业地产企业是持非常欢迎的态度的。同时，电商的成本结构在互联网流量红利消退时发生了重大的变化，获客成本也越来越高。而快闪店这种新形式就可以帮助线上品牌把线下的流量以较低的成本导入到线上，线上的企业也积极响应。

另外，相对线下品牌而言，线上品牌更愿意开快闪店。这是因为线上品牌可以通过开快闪店的方式，将很低的流量直接引导到线上，吸引用户在线上直接购买。而且线上品牌在线上宣传之后，其粉丝流量会到快闪店现场捧场，从而吸引更多原本不了解这个品牌的路人围观。两股人流叠加，能给线上品牌带回叠加的低成本流量。

随着品牌对快闪店整体需求的增加，未来可能会出现一类围绕这个做业务的公司。他们可以就此开展两个方面的业务：一是作为品牌快闪店场地的中介，连接想做快闪店的品牌与店铺主；二是直接自己租下固定的店铺，让不同品牌客户轮番在此开不同的快闪店。

第七章

新零售与物流体系

新零售力求打通全渠道和全场景，物流将不再仅仅扮演"快递小哥"的角色，而将成为连接线上线下的"血液管道"。物流的便捷性与效率性将直接决定消费者的体验感，以及新零售的经营成本。在新零售时代，社会化物流体系的建立，物流大数据的广泛应用，智慧物流的深度嵌入将成为新零售真正实现的重要标准。

新零售强调线上与线下的融合，力求打通全渠道和全场景，这意味着除了信息流的效率外，物流效率也将成为新零售成功的重要保障。物流将不再仅仅扮演"快递小哥"的角色，而将成为连接线上线下的"血液管道"。物流的便捷性与效率性将直接决定消费者的体验感，以及新零售的经营成本。

物流行业作为国内十几年来获得显著发展的新兴行业，其发展备受国内外资本的瞩目。电商企业如京东、阿里巴巴等纷纷加入物流行业，传统物流企业顺丰、"四通一达"等也在纷纷拥抱"互联网+"的改革。它们合在一起，不仅在重塑着物流行业的格局，也在改变着新零售的形态。

一、京东与菜鸟的物流

根据中国物流与采购联合会在"2017全球智慧物流峰

会"上提供的数据显示，2016 年中国社会消费品零售总额 33 万亿元，增速高于同期 GDP 增长 3.7 个百分点，其中网上零售额占社会消费品零售总额的 15.7%。社会消费品零售总额的持续上升，伴随着的是商品在不同区域的空间移动，这必然会带动消费型物流高速增长。另外，根据中物联发布的相关数据统计，2016 年我国单位与居民物品物流总额达到 7251 亿元，同比增长 43%，而 2016 年中国电商物流业务增速超过了 50%。

近几年是国内物流行业的黄金时间，2016 年，全国社会物流总额 229.7 万亿元，相比 2010 年翻了近一倍，如图 1 所示。

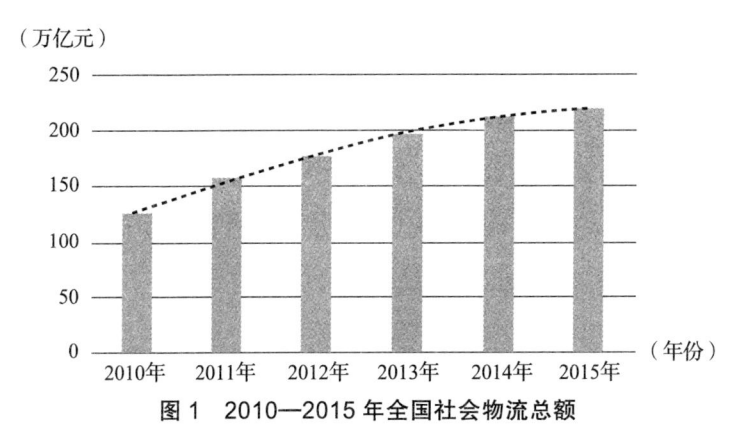

图 1　2010—2015 年全国社会物流总额

不过与规模不断扩大相对的是物流行业的服务品质不高，区域发展也很不平衡。根据 2017 年 3 月发布的《中国智慧物流大数据发展报告》显示，区域时效上，沪、浙、苏排前三，西藏最慢。很多零售企业和制造业企业自身也面临库存管理信息化程度低、流程不科学等诸多问题。

这几年，随着电商的快速发展，随处可见的"快递小哥"成为城市中的一道风景。在电商兴起之前，传统物流中的商品以"批量"的方式在空间与地域上发生位移，而且这种位移先于消费者的购买行为。例如，一家零售商店，是先将物品放在商店，然后顾客看到后才产生购物行为。但电子商务模式下，这种物品的移动方式发生了重大的变化，一是商品由"批量"转为"单件"形式，主要通过快递公司的服务从卖家经过集散分拨到达买家手中，而且一般来说零售商品是在消费者产生购物行为之后，才发生实物在空间上的位移。

未来，新零售倡导的智慧物流还能做到消费者还没有下单，物流商就已经预测到物流的方向，从而进行所谓预判式发货。商家要想提升零售的消费体验，就必须通过信息的手段不断提升整个物流的效率，拥有一流的物流体系，让零售商品货物能低成本且及时地到达终端消费者手中。

美国的凯马特（Kmart）超市作为现代超市型零售企业的鼻祖在世界零售发展史上有重要意义。可以说，凯马特对于零售业的意义，正如福特之于汽车业的意义。但是就是这样一家企业，曾经在 2002 年因经营情况不佳和部分供应商停止供货，向芝加哥联邦破产法院申请破产保护，从而成为美国历史上寻求破产保护的最大零售商。

其实，凯马特与沃尔玛经营的商品结构颇为相近，为何凯马特与沃尔玛的命运就相差这么大呢？原因就是凯马特对信息物流的建设水平远低于沃尔玛，整个沃尔玛的运行成本比凯马特低了大约25%。这其中的悬殊就是沃尔玛得益于其先进的物流信息系统，使它能快速判别消费者的购买偏好，从而使商品的整体成本一减再减。

按照马云的观点，提升物流的效率对消费的杠杆作用非常大，物流速度每提高一倍，刺激消费的杠杆能力可以扩大五倍之多。经过十多年的积累，中国消费者对网购的依赖性在增强的同时，对产品质量、物流效率等方便的要求也在增强。

阿里巴巴从最开始的淘宝，再到淘宝商城，到现在的天猫商城，其中的物流一直由第三方承担，服务质量良莠不齐。天猫商城尽管主打高端商家的直营销售平台，为的是保证及增强卖家的品质和信用。但天猫的商家由于不可能拥有自己的物流队伍，无法在物流流程的控制上做更多的文章。那些对服务口碑相对在意的商家，会使用成本较高的EMS或顺丰快递。但是绝大部分商家还是从成本上考虑，选择较为低廉的第三方加盟制快递。

为了改变这种良莠不齐，难以形成统一口碑的情况，阿里巴巴领头在2013年5月创建了菜鸟网络，试图打造相对统一的智慧物流系统。建立以来，菜鸟网络逐步建立起全国地址库编码化（类似较精细的邮递区号），其精细程度可以定位全国七成以上的小社区，也统一了物流业者形式不同的电子签单。菜鸟网络目标是想建设一个数据驱动、社会化协同的物流及供应链平台，希望通过他们的努力，在未来中国任何一个地区可实现24小时内送货必达。

根据菜鸟网络在官网上的介绍，他们计划在5～8年的时间努力打造遍布全国的开放式、社会化物流基础设施，建立一张能支撑日均300亿元网络零售额的"中国智能骨干网"。这个网络组成有多种模式，包括自建、共建、合作、改造等，为电子商务企业、物流公司、仓储企业、第三方物流服务商、供应链服务商等各类企业和消费者提供服务。

而背靠腾讯的京东与阿里巴巴的社会化物流平台不一样，其核心是通过自建物流体系完善购物体验。可以说，京东是最早拥抱自建物流的电商。京东自2007年开始自建物流，在阿里巴巴还在推进线上平台时，京东就在推进自建物流体系来给线上顾客带来最好的体验。经过多年的经营，刘强东认为京东的自建物流做成了京东"前端用户体验、后端成本效率"的核心竞争力。

刘强东在2016年7月央视《对话》栏目中提到，京东做物流与普通快递公司有着本质的不同。普通的快递公司都着眼于货品不断搬运，搬运次数越多，就越有利润空间。而京东物流体系是着眼于为供应链服务，要尽可能减少商品搬运次数。一件商品从供应商到消费者手中,平均要搬运 7 次以上,这是中国物流成本居高不下的核心原因。京东要减少货品的搬运次数,降低物流成本、提升物流效率,最核心的解决办法就是仓配一体的自营物流体系。

京东物流的仓配一体化充分利用互联网大数据平台的支撑,可以实现对不同品类商品在时间和空间上的预测,然后再通过智能仓储系统,将商品进行智能分货,提前配送至距离消费者最近的城市仓(FDC)。这种智能就近备货做了前期基础,一旦用户下单就可以做到当日达、次日达,实现高效配送。

为了更好地实现物流的创新,2016 年京东还专门成立了 X 事业部,全力布局智慧物流。X 事业部有点像 Google X,是一个创新实验机构,把京东的全自动物流、无人机、仓储机器人及自动驾驶等尖端智能物流项目纳入其中,为整个京东的物流体系做技术支撑。

而亚马逊已经走在前面,为了进一步推动无人机送货的进程,亚马逊花掉了大约 1000 万美元游说政府允许无人机实现全国配送。2015 年 3 月,联邦航空管理局允许亚马逊在户外进行测试无人机送货。零售巨头沃尔玛也计划把无人机运用于其巨大的配送中心盘点库存。一旦全面运用,那么,面对 11 万平方米的仓库,人工可能需要 1 个月,但无人机仅要 1 天。

二、物流与新零售成本

中国物流对零售的贡献是巨大的。目前，全球资本市场前 15 家上市 IT 公司，有 5 家是中国企业，10 家是美国企业，可以说，中国与美国是世界数字经济最重要的两极。

中国数字经济能取得这样大的成绩离不开两点：一是中国广大的网民都养成数字消费的习惯，而这种消费习惯与电商物流的配送费用低、速度快直接相关；二是中国人口众多，且人口居住得比较集中，这样使得物流快递的送货半径短、人工成本低，这也推动了中国物流业的发展。

这几年，中国物流的效率在不断提高，社会物流总费用与 GDP 的比率连年持续下降。2016 年，我国社会物流总费用与 GDP 的比率为 14.9%，比 2015 年下降 1.1 个百分点。这与我国经济结构优化、运行效率提升和物流的高效运作密切相关。1991—2015 年中国物流总费用与 GDP 的比率如图 2 所示。

对于具体的企业而言，物流对于企业成本的意义不言而喻。零售电商的供应链几乎等同于物流链条，因此，物流成本的高低直接决定了零售电商每单的履约成本。在生鲜电商中，由于对物流的要求高，每单履约成本一直居高不下，导致电商在这个领域一直做得比较艰难，这也是新零售需要着手解决的痛点。

图 2　1991—2015 年中国物流总费用与 GDP 的比率

电商模式说简单也很简单，不过是把从制造商到终端消费者之间的分销渠道完全取代或者部分取代了，尽可能减少商品交易的中间环节。这样一来，就把层层分销带来的层层加价弊端解决了一部分，价格可以做到比实体店更低。但是从物流角度而言，这个模式带来的一个问题是把实体店的"批量大物流"变为了快递式的"单件小物流"，这等于说增加了一个最后一公里的快递物流成本。而如果在线下实体店购买零售商品，消费者本身就相当于承担了这个快递员的角色，最后一公里的物流成本就算是节约了。线上线下零售谁更有优势，最终决定因素是谁的成本更低，谁的效率更高。

但是在新零售时代，不会再严格区分谁是实体店谁是电商，因为电商也会开实体店，而实体店也会开通线上店铺。很多零售企业将同时具有线上销售体系和线下销售体系，大型零售商的仓储也将同时为线下门店和线上电商服务。因此在新零售中，物流成本是零售商绕不开的话题，所以，必须要提高物流效率，压缩物流成本。

在考虑物流成本时，我们还必须要考虑一个"顾客全价"的概念。顾客全价指的是消费者拿到一件商品的最终价格。也就是说顾客全价不能只是商品的标价，还得考虑购物成本。这里面的购物成本包含的内容很多，如你跑到实体店购物，需要付出时间成本和精力成本，而你去电商那里购物，就得承担对商品不满意的风险等成本。

如果拿这个概念去分析一下目前电商的品类，就会得到一些有意思的结论。例如在网购中，电子产品往往渗透率很高，因为它们属于标准化产品，退货可能性较低，而且电子产品的卖场一般都较远，线下购物时间成本较高，而网购成本就显得很低，因而顾客全价几乎就等于商品标价。与手机、计算机、电视等电子产品相对的是生鲜类商品，其渗透率就远远不如电子产品，原因就在于购物成本较高，如不新鲜、退货麻烦、不便捷，还不如去附近的菜市场买来得直接。

这也是各大电商角逐最后一公里的原因。不管是阿里巴巴向苏宁投资，还是之前京东投资永辉超市，都有争夺最后一公里的原因，力求通过线上线下资源融合降低顾客全价。根据相关数据，最后一公里成本占了物流总成本的30%，谁能改善最后一公里配送，就能降低顾客全价。

为了降低最后一公里的物流成本，新零售的配送可以参考中国台湾地区的模式。中国台湾地区的网购订单基本都是配送到社区便利店，顾客到便利店自提。不像大陆地区每个订单要分别配送到每个用户手中，成本自然很高。

考虑了顾客全价，我们还应该考虑另外一个概念：转运次数。它的意思是一个零售商品从厂家生产出来，经过一级代理商、二级代理商、三级代理商等，最后到零售店的整个过程中要被转运的次数。中国的零售商品平均要转7次才能到消费者的手里，中间都是要付出物流成本的。

在转运次数上，京东相对领先一步，他们可以将转运次数降到3，节约了干线运输的成本。这是由于京东沉淀了大量的消费大数据，能够比较精确地预测到，准确率可以超过90%。这样一来，在干线运输时就可以减少很多不必要的调整，提高效率。

如今京东无人机也得到了国家政策的支持，并且可以做到整个途径的自主飞行。京东无人机技术今后将着力于提高感知、自主航迹规划、多机协同和人机交互。前面提到的京东X事业部还在实践"无人机、无人车、无人仓"的三无项目。这些一旦达成，其转运次数还将进一步降低，提高转运速度，降低物流成本。

而阿里巴巴，2015年年底组建"E.T.物流实验室"，其目标是研发物流前沿科技产品，追求符合未来科技发展的物流生产方式。菜鸟网络力求通过与全球顶级的科学家、科研机构、研发企业保持密切的交流合作，将最前沿的科技引入中国物流行业，帮助物流企业提高运输效率。目前，"E.T.物流实验室"的末端配送机器人小G、仓内复杂拣货机器人AGV矩阵等产品的关键技术得到突破，并陆续投入使用。

三、物流与新零售体验

美国营销学学者菲利普·科特勒在其著作《营销管理》中提出，商品除了有形产品和无形服务，还涵盖了信息及体验。从这个定义可以看出，体验本身就是商品的一部分组成内容。

新零售模式做得好不好，绕不开两个标准：一个是成本效率，另一个是购物体验。新零售业态的产生、发展壮大都是基于这两点，好的模式就是要同时满足用户体验和企业成本效率。

消费者对配送速度及配送灵活性的讲究，成为现阶段很多电商非常头疼的问题。电商单纯依靠自身力量完善物流基础设施并不可行，因为这将耗费大量的建设和管理成本。

不过，物流基础设施的短板目前已经受到重视。2016年6月，国务院办公厅转发《营造良好市场环境推动交通物流融合发展实施方案》，构建交通物流融合发展新体系。2017年1月，交通运输部等18个部门又联合发布了《关于进一步鼓励开展多式联运工作的通知》，提出构建高效、顺畅的多式联运系统。对于企业而言，未来电商需要更多地寻求与线下商家合作，便利及灵活性将成为线下实体业者的优势。

现在，年轻人有了更多的生活方式，但不愿意把时间花在停车、排队等毫无效率的购物体验中，因此他们购物会选择网购，娱乐活动会选择出门。在网络购物时，他们对"快"有极致的要求。对于大部分消费者来说，快速配送非常重要，有的消费者希望能够在订单发出的当日收到网购商品。另外，很大一部分消费者还希望能够预约配送时间。

对于零售而言，体验可能包括很多层次，但就物流而言，快速而稳定的物流是消费者极其关心的。有这样一个段子，有人问："世界上最快的速度是什么？"回答的人说："是光速，还有女人拆包裹的速度！"这说明了消费者在等待包裹到来时的急切心情，看到包裹的那一刻恨不得用牙齿咬开包装以求快速看到商品。

卡内基梅隆大学的乔治·洛温斯汀专门研究过人们在等

待快递时的烦恼程度。结果发现，在购买的商品遭到配送延误的情况下，顾客往往会索要赔偿或者退货，同时也会给客服业务带来巨大的压力。

在所有电商企业中，把"快"字做得比较好的就是京东。京东物流已在全国大部分地区率先实现了当日达、次日达、极速达等时效，甚至做到了从消费者下单到送达仅仅7分钟的极致客户体验。据统计，京东自营时效平均仅1.3天，而行业平均天数是京东的2倍还多。京东也是在所有电商企业中，唯一拥有中小件、大件、冷链、B2B、跨境和众包（达达）六大物流网络的企业。截至2017年上半年，京东在全国范围内拥有256个大型仓库，6906个配送站和自提点，已经运营了7个大型智能化物流中心"亚洲一号"。

中国目前的物流体验相对于美国的物流体验来说，已经遥遥领先。在美国生活的人都知道，美国的物流体验首先是网购快递的费用非常高，而且基本上周末不送货，晚上六点之后也不会送货。如果你买个东西，自己恰巧又不在家，那么投递员是不会留在门口或者转交给邻居的。如果三次投递没人在家收，就要将货品送回发货地。当然，你也可以打电话去他们的物流中心，说你自己去取。那你只好开30分钟以上的车去折腾了。

当然，美国网购物流的体验如此，有很多客观的因素。例如，美国相对人口和城市的集中度低，没有办法像中国这样有人口优势，美国由于土地面积大，导致到许多二、三线城市的购物中心需要开车 30 分钟以上。美国建立一个物流中心，辐射的人口太少，成本太昂贵。而且，快递人工成本太高，工会还在给企业施压，不断提升成本。

根究阿里研究院 2017 年 5 月发布的报告数据显示，15 年来中国的货运周转量从美国的 1/2 迅速增长到美国的近 2 倍。但社会物流成本只比美国高 24%，相当于用美国差不多的钱运了两倍于美国的货，每吨货物物流成本比美国低 46%。

不过，电商巨头亚马逊在美国还是推出了很多改善物流体验的措施。公司过去几年不断创新的无人机等业务，都是基于对物流行业的改变。亚马逊为改善物流的速度体验，专门推出了 Prime 会员服务。Amazon Prime 是亚马逊美国 2005 年上线的会员服务业务，Prime 会员每年只需支付 99 美元（2014 年之前是 79 美元），即可享受全年无限次快件 2 日送达。这个物流一经推出，马上受到美国本土的青睐。Prime 会员制度是亚马逊的一大法宝，它与市场平台和 AWS 云计算平台被亚马逊创始人贝佐斯称为亚马逊的三大支柱。

对中国消费者而言，亚马逊要想提供超出京东、"四通一达"的便捷服务已经非常困难。但是，中国对于海外购的需求非常旺盛，跨境电商成为这两年热议的话题。2016 年 10 月，亚马逊正式宣布 Prime 会员服务登陆中国。与美国市场的 Prime 会员服务略有不同，这是首个提供跨境订单全年无限次免费配送的会员服务。

亚马逊中国海外购商店也有三种配送方式：第一种是平均 9～12 个工作日送达的标准配送，第二种是平均 5～9 个工作日送达的加速配送，第三种是平均 2～4 个工作日送达的特快配送，根据亚马逊的调研发现，消费者很多时候需要在配送时间和运费之间取得平衡，而大部分的消费者选择的是第一种标准配送。针对消费者的痛点，亚马逊在中国推出 Prime 会员服务不仅是跨境免邮，同时在配送时自动升级为第二档的加速配送。

四、社会化物流体系

随着移动互联网的普及，一批由第三方创建的、以信息技术为基础的互联网平台纷纷出现。它们通过社会化的方式，实现车源货匹配，打破信息壁垒，最终实现提高物流资源配置效率的目标。

统计数据显示，美国和欧洲公路上的卡车，至少有 1/4 在空驶，而即便是装有货物的卡车，其装载量也通常不超过 50%。权威数据显示，中国路面上行驶的 3000 多万辆货车，平均空载率高达 40%，返程空载已成为行业的一大痛点。货车空载一方面会增加货运物流的成本，另一方面也会导致路面拥堵。根据测算,如果是由返程车来运货的话,至少可以为货主降低20%的物流成本,而理想状态是降低50%。这使空载的货车未来都可以成为社会化物流中干线运输的重要力量。

2017年2月,国家发展和改革委员会在《分享经济发展指南(征求意见稿)》中明确提到,分享经济可以利用网络信息技术,通过互联网平台将分散资源进行优化配置。显然,物流本是天然具有共享经济特点的行业,共享物流的本质是共享社会物流资源。通过技术革新,整合上下游资源,提高资源利用效率,与共享经济的模式和精神一脉相承是社会化物流的优势所在。

社会化物流的发展实际上有三个层次。第一个层次是私人资源再利用。例如,可以把私人的闲置空间拿出来,作为商品的存储空间;也可以把闲置的时间拿出来,帮助零售商、物流企业一起去派送商品。第二个层次涉及公共资源的开发,把城市或者社会中一些可用来做物流服务的公共资源进行社会化的分享。第三个层次是和电商、物流相关联的基础设施,包括信息基础设施、互联网基础设施等。

物流业对于人力的依赖程度很高,特别是快递行业。快递小哥一旦紧缺就会导致购物体验不好,逢年过节尤其是春节的时候,大批快递员回家,电商基本上在冬眠。社会化物流业由于可以把社会上闲置的人力资本充分利用起来,相对属于轻资产模式。社会化物流的特点就是把社会上那些偶尔有空闲时间的人汇聚起来，为正好有需要物流快递服务的人提供服务。

在社会化物流情境下，就会出现这样一个场景：一个商家在平台发出送货需求，附近有个人刚好有闲置时间或者看到送货目的地刚好顺路，那么他就到商家所在处取货，然后送至目的地，完成后得到他本次快递的收益。

对于同城来说，这是一种比传统快递更快捷也更节省时间的方式。而对于异地物流来说，物流其实可以分成几个路段进行，有效利用社会的闲散资源进行区域内的商品传递。这种模式充分利用了闲置的资源，实现了资源的优化配置。

作为全球共享经济实践的标杆企业，Uber 已经开始了社会化物流模式的尝试。在美国，Uber 已经推出了同城快递服务 Uber Rush。用户可以在 Uber 上叫快递，然后由司机将物品派送到目的地。如果你在 Uber 所划定的区域（2016年6月初期仅覆盖了旧金山、纽约、芝加哥三个城市），就可以像用 Uber 叫车那样叫快递，Uber 的司机，也就是信使（Messenger）就会来取件并派送到你指定的位置。这些快递信使除了开车，也可能会骑自行车，甚至可能是步行。用户可以在 Uber 上看到信使取件的预计到达时间，也可以随时检查自己的物品移动的位置。Uber Rush 的手机界面如图 3 所示。

图 3 Uber Rush 的手机界面

快递公司 DHL 于 2013 年在瑞典也推出了一个在线平台 MyWays。目的是希望那些在自己日常活动中顺路的市民成为他们的社会化快递人员。在这个平台上,特定的投递服务被外包给社会化快递小哥。如果正好时间吻合且顺路,社会化快递小哥可进行捎带并从中获得一定的收入。对于快递的接收者来说,也更便利了,这无疑简化了"最后一公里"的投递进程。

在国内，阿里巴巴之所以一直没有自建物流，是因为它期望通过社会化的物流体系来解决配送问题。阿里巴巴平台上的卖家和买家分布极广，如果能利用社会化物流就能为他们提供便捷、灵活、质优价廉的高效物流服务。

社会化物流下，新零售依赖的物流业可以充分利用全社会拥有空闲时间的人员，而基于地理位置寻找最近人员的方式也节约快递时间。在新零售下，走社会化物流体系之路是各大零售企业发展的必然选择。而在此过程中，各电商平台、商家、消费者、物流快递公司都融合在物流数据的系统之中，从而使各方受益。

社会化物流的未来不仅局限于快递人员的社会化，还应该涉及其他与物流相关的物流资源社会化。具体涉及以下两点。

一是车辆运力、货源信息、仓储空间等。本节前面提到了货车空载问题，如果建立很好的车货匹配平台，经过货车信息资源，就能提高货车运输的最优装载率，降低卡车回程空返率，降低物流成本。一些货物仓储空间资源也可以通过互联网方式与需求方进行配对，库存供需双方直接交易，实现仓储资源的最大化利用。

二是物流基础设施的共享。物流园区作为重要的物流基础设施，将个体劳动者、货主企业、物流企业、政府办事机构、配套企业等集聚在一起，形成新的物流生态圈，也产生了协同效应。未来物流与不同企业间的融合，资源的共享和利用将成为一个非常重要的领域和发展方向。

不过物流的社会化，也要妥善处理好监管的问题。目前对平台性质认定、劳资关系税收等问题无法做出明确规定，对社会化物流平台的企业资源、提供者和使用者的权利、责任、义务，还存在着认识上的不统一，这都需要未来政府和法律一起努力去完善。

从资本市场来看，物流行业的社会化物流整体态势良好。截至 2016 年 12 月，众包物流、货运 O2O 等物流领域共有 14 家主流平台获得了融资。

五、物流大数据

物流的大数据是指运输、仓储、搬运装卸、包装及流通加工等物流环节中涉及的数据、信息等。物流大数据的收集、整理、分析及应用系统，在新零售时代是非常核心的基石。通过大数据分析可以提高运输与配送效率、减少物流成本，从而更有效地满足客户服务要求，提高新零售的购物体验。

大数据技术能够挖掘出隐藏在数据背后的信息价值，这对物流企业和零售企业来说，都是一块宝藏。面对海量数据，未来零售和物流企业都需要加大这方面的投入，大数据不仅是一种信息技术，还是一项战略资源，充分发挥大数据可以给新零售带来无尽的价值。

从应用场景层面来看，大数据技术可以提高物流企业的利润，同时可以为消费者提供最佳服务。对于物流企业而言，可以通过大数据分析，合理规划分配资源，调整业务结构；对于商家而言，可以通过大数据技术，分析消费者的消费偏好及习惯，预测消费者需求，从而缓解运输高峰期的物流压力。例如，有些零售商会用大数据分析用户网购消费的均价水平、日常购入的品牌、退货率等，如果用户的退货率低于10%，证明这是一个很好说话的人，那商家采取的物流策略就会不一样。

要发挥好大数据在新零售时代的作用，需要将所有货物流通的数据、物流公司、零售的供求双方有效结合，形成一个巨大的即时信息平台，从而实现快速、高效、经济的物流。信息平台不是简单地为零售买卖双方的物流活动提供监管服务，而是对整个供应链的物流系统进行深度的数据收集与分析。

支撑零售的三大物流巨头顺丰速运、菜鸟网络、京东物流都推出了物流大数据的相关产品，但各家的侧重点都不一样。顺丰的数据灯塔更偏向于服务自有大客户和向电商客户提供决策支持，而菜鸟的物流云更偏向于对物流的社会化优化，京东物流云则更偏向于仓库管理上。

相对传统实体零售，电商在数据收集上有很大的优势。只要经历了网上购物，只要通过支付宝付过钱等，这些数据就会沉淀在物流的后台系统。电商可以通过这些物流数据进一步合理地安排产能、规划库存，从整条供应链的角度来提高效率。

对于实体零售而言，美国沃尔玛早在10多年前就开始让其供应商在包装箱和集装箱上贴上RFID标签，这些标签可以传递丰富的数据信息。沃尔玛是世界上第一家发射了卫星的企业，开发了功能完备的供销存管理系统及全球卫星定位系统，为物流大数据打下了夯实的技术基础。

在新零售时代，不管是线下零售还是线上零售，数据收集的便捷性和及时性都不存在很大困难。例如，在顺丰为用户送快递的过程中，当用户拨打顺丰客服电话时，用户的订单数据信息就进入了顺丰数据库。顺丰可以一接到客户下单指令，就根据自己网点分布的情况和客户的网点做一个最近地方匹配，派专人去收件。

顺丰速运从成立至今已超过20年，服务网络覆盖20多个省、直辖市，庞大的物流体系，自然会产生海量的物流数据。所以有人认为，顺丰本质上是一个IT公司，一个大数据公司。顺丰自主研发了数据中心系统，并将大数据分析技术应用在自身的运输、仓储、搬运装卸等物流环节。顺丰还推出了"数据灯塔"大数据产品,提高物流企业的运输与配送效率、降低物流成本。

菜鸟网络的物流数据平台会汇集商家、物流公司及来自第三方的数据资源,对这些数据的深度挖掘,可以实现物流的数字化、可视化,实时掌握物流动态。对于在平台上的零售商而言,他们也可以通过实时的物流数字化,选择合适的物流公司进行商品配送,提升买家的快递体验。

京东大数据得益于京东电商业务的全价值链数据。京东的自建物流体系要求端到端的流程控制,这样京东的大数据就覆盖了从采购、库房、销售、配送到售后、客服整个链条。京东提出了物流云解决方案,包括仓储管理、车辆众包、物流大数据云服务三大服务。其中,仓储管理是指京东的仓储资源开放,连通商家后台系统与第三方快递,实现"订单下达—库存入出—运单实现"的完整流转过程。而车辆众包是在发布运输任务后,基于LBS定位任务坐标,在车辆众包池中按照众包模型匹配适配车辆。车辆接受配送任务后,上门接货并完成服务。任务完成后,车辆释放,重新回到车辆众包池等待接收新任务。京东的物流大数据云服务通过大数据分析建立物流数据服务,对物流相关数据,如配送信用体系、财务预算、质量安全等进行分析,更好地为物流应用和建设提供支持与保障。

要满足新零售对于现代物流提出的新要求,未来物流配送体系必须朝着信息化、标准化、组织化、智能化的方向发展，通过大数据、云计算、物联网等先进信息技术充分把控、整合物流资源。

六、智慧物流与新零售

2009年IBM公司提出建立一个面向未来的具有先进、互联和智能三大特征的供应链，通过感应器、RFID标签、制动器、GPS和其他设备及系统生成实时信息的"智慧供应链"概念，紧接着"智慧物流"的概念由此延伸而出。智慧物流通过将物联网、传感网与现有的互联网整合起来，以精细、动态、科学的管理，实现物流的自动化、可视化、可控化、智能化、网络化，从而提高资源利用率和生产力水平，创造更富社会价值的综合内涵。

根据中国物联网校企联盟的定义，智慧物流是利用集成智能化技术，使物流系统能模仿人的智能，具有思维、感知、学习、推理判断和自行解决物流中的某些问题的能力。即在流通过程中获取信息，从而分析信息做出决策，使商品从源头开始被跟踪与管理，实现信息流快于实物流。即可通过RFID、传感器、移动通信技术等让配送货物自动化、信息化和网络化。

未来我国日均快递量将会越来越大，2016年中国全年产生的包裹量超过 200 亿件，根据目前的增长速度，这个数字很快会突破 1000 亿件。要想让物流跟得上需求，必须要采用智能技术，让快递、物流从劳动密集型向"全程高能"转型。2016 年，我国从国家层面部署推进"互联网＋"高效物流，有关部门研究制定了《"互联网＋"高效物流实施意见》，交通运输部、商务部、工信部等部门从各自职能领域出发部署了推进"互联网＋"高效物流相关工作，为推动智慧物流发展营造了良好的政策环境。

物流经历了以"经验备货"为特征的工业时代，以"快递发货"为特征的电商时代，现在将要进入以"数据备货"为特征的新零售时代。利用用户消费特征、商家历史销售等海量数据，通过大数据预测分析模型，对订单、促销、清仓等多种场景下的销量进行精准预测，推动产业智能化变革，大幅度提高生产效率。例如，菜鸟网络推出智能路由分单，实现包裹跟网点的精准匹配，大大缓解了仓库爆仓压力。

新零售时代的智慧物流要实现从运输、仓储、配送及用户终端的全环节智慧。具体怎么做呢？

在运输环节上，智慧物流要通过搭建平台，实现人货供需信息的在线匹配和实时共享，将散点的物流信息与资源整合起来，提升物流组织的运作效率。

在仓储环节上，要开发全自动仓储系统，运用好智能仓储机器人，自动完成货物的上架、拣选、打包、贴标签等操作，大幅提高仓储管理的效率和水平，有效实现取货自动化、进出货无缝化和订单处理准确化。

在菜鸟网络的仓库里，仓储机器人 Geek+ 可以在无人看守的情况下按照各自的指令，有条不紊地搬运货架，如果再配合人力，可以以高于普通物流 8 倍的速度提升仓储效率。菜鸟网络的仓库被划分为无人区和工位区两个部分，其中占地约 90% 的无人区为机器人工作范围，工位区分派有数名分拣工人，每名工人配合 8～10 个机器人共同工作。机器人接收到某批次订单指令后，搬出指定货架并运送到工位区，分拣工人通过电子屏显示的商品明细与提示进行分拣，将货物转移到播种墙，并同时完成商品标签扫描确认。捡货与补货程序相反。机器人在完成一定工作量后返回充电桩定时快充。菜鸟网络自动拣货系统，日拣货件数达到 100 万件，效率至少提升 30%，拣货准确率可达 100%。

在配送环节上，智慧物流要借助互联网平台，搭建城市配送运力池，开展共同配送、集中配送、智能配送等先进模式，将消费和快递体验不断提升。

例如，菜鸟网络推出的一款名叫"小 G"的末端配送机器人，它可以在陆地上行走，将包裹全自动配送到用户的家门口。这款配送机器人大概能装 10～20 个包裹。只要通过手机向小 G 发出服务需求，它便会规划最优配送路径，将物品送到指定位置，用户可通过电子扫描签收。小 G 机器人会观察周边的复杂环境,能动态识别环境变化,它能识别路上的行人、车辆,还可以自己乘坐电梯,甚至它能够感知到电梯的拥挤程度,且不会跟人抢电梯。

类似上面这种运用了人工智能的智慧物流是未来零售的一大发展方向。以人工智能为代表的物流技术服务是应用物流信息化、自动化、智能化技术实现物流作业高效率、低成本,是物流企业较为迫切的现实需求。

人工智能通过赋能物流各环节、各领域,实现智能配置物流资源、智能优化物流环节、智能提升物流效率。特别是在无人驾驶、无人仓储、无人配送、物流机器人等人工智能的前沿领域,菜鸟、京东、苏宁等一批领先企业已经开始开展试验应用,有望与国际电商和物流企业从同一起跑线起步。

第八章

新零售展望

线上线下协同将成为新零售时代的常态，新技术将实现对传统零售"人、货、场"的重构。在新零售时代，用户越来越多地占据购买的主导权，重新书写零售商的商业规则。零售将真正摆脱以往以零售商为核心的商业逻辑，真正实现零售民主化。要实现零售的全生态重构，零售的AR/VR、数据隐私、人工智能等都是商家们应该要关注的话题。

新零售实际上是在新技术环境下，对传统零售的"人、货、场"进行重构，对线上线下进行高效协同。新零售的未来是要高效地让消费者在合适的时间、合适的地点，遇到他需要的合适商品，实现商业生态的重构。

要真正实现零售的全生态重构，还有很长的路要走，这其中关于数据隐私、人工智能、AR/VR等都是值得关注的话题。

一、线上线下协同的新常态

尽管现在实体和线上零售还远远没有打通，但是不久后线上协同将成为一种常态。电商这几年都在大力投资线下，而实体零售业也在往线上进行尝试突围。沃尔玛收购1号店、华润推出E万家、大润发创建飞牛网等都是在尝试线上线下的协同发展。

2016年4月，创立于1994年的物美超市在华东区48家大卖场上线了电子价签，全国范围的门店上线电子价签的工作之后也陆续展开，目的是想实现线上线下同步管理。我们在前面的章节提到过，电子价签在整合线上线下信息中有不可替代的作用。电子价签所能呈现出的智能化和高效率是物美实施新零售战略的条件。物美联手多点推出的"自由购"项目，可以实现在购买过程中完成结算，不必在收银台一一扫码。

过去10多年间，线上平台获得令人惊讶的发展速度。这当中有个非常重要的原因是实体零售业的供应商突然找到了一条可以不用完全依赖实体店，就可以将商品卖给终端消费者的渠道。而在这之前，供应商对线下的零售终端极其依赖，线上平台的出现让供应商们突然觉得可以自己掌控命运了。

但是，良莠不齐的商家集体跑到线上平台后，品控往往是被诟病最多的问题。平台对此也深恶痛绝，但商家实在太多，平台往往只能事后处理。

实体零售业毕竟有20多年的品牌积累，有一套前端品控体系，相对而言被骂得不算太惨。

总的来说，实体零售面临客流日渐下滑、成本不断增长、用户越来越老龄等诸多问题，但拥有较好的体验感，商品运营能力、品控能力，更接近居民生活。而线上平台虽流量充沛，但是没有实体体验，还面临着流量成本不断上升，流量的变现也越来越难等问题。因此，从战略上零售业和线上平台需要互为补充，要进一步加强合作。

电商企业现在往下走的意愿都很强烈，行动也很迅速，但是实体零售相对来说就显得有些行动迟缓。所以，建立线上线下的协同，对于实体零售来说的好处是很明显的。

一是从线上低成本获得优质用户群。不管是之前的团购，还是现在的O2O，都是从线上引流到线下实体店的方式。随着技术的进一步开发，未来的线上能为线下的实体吸引到更精准的客户群，并保持良好的互动与忠诚度关系。

二是补齐错失的消费场景。实体零售要求用户必须到店购买，但是这不符合现代生活快节奏的现状，很多人把买个东西去实体店消费当作一种负担，不愿意为此花费时间成本、交通成本、精力成本等，更愿意选择线上渠道。尤其遇到天气不好、停车位难找、加班塞车等特殊情况时，去实体店就显得更加不乐意。这时如果增加一个线上的消费场景，就给客户群更多的选择。

三是打法更立体。实体零售业在现在的社交时代、新媒体时代很多做法其实都显得相对落后，有时候在门店做了很低的折扣甚至远低于线上售价，但实际销售结果并不理想。原因就是实体零售在抓人眼球，但在抓住新消费者方面，还没有做到上下互动，无法实现精准打击。有"陆军"，还得有

"空军",才能实现立体多维打法。

四是可以实现更精准选址。实体门店基本上有一半是靠选址才取得成功的。但是往往在选址时,基本上只看周边几千米内的人流量。对这些人流量中哪些是客户其实还不是十分清楚,有靠运气的成分。如果能参考线上大数据,那么就相对清楚用户的地理分布、消费习惯、消费能力等,就能比较精准地实现选址科学化。

五是可以优化商品供应链。由于线下零售空间有限,新品进货的速度又受限,他们往往有产品资源不足、更新滞后等问题。更为关键的是,线下零售对消费者需求动向的反应不如线上那么快速,无法像电商那样快速利用销售大数据实现精准选择商品。

对于新零售对商业生态实现线上线下重构的问题,马云在2017年阿里巴巴投资者大会上做了回答。他认为阿里巴巴有四个重构:供应链的重构、销售全通路的重构、品牌营销和用户连接的重构,以及打通线上线下带来的重构。

阿里巴巴CEO张勇进一步阐述了这四个重构的含义。供应链的重构是指从客户、物流、支付等环节实现数字化和及时响应,把传统零售烦琐的供应链变得高效。对客户的精准识别,配送链距离识别和限时送达等定制化需求的解决,将带来全新的商业体验。

销售全通路的重构是指阿里巴巴通过天猫超市、零售通、村淘、速卖通、天猫国际等旗下产品，触达从一、二线城市到农村，以及海外城市的各个层级市场。

品牌营销和用户连接的重构是指阿里巴巴因为拥有海量的用户和品牌数据，可以通过大数据和计算，实现高效的智能营销。

打通线上线下带来的重构是通过一些品牌和天猫合作把线上线下渠道会员系统打通，也包括阿里巴巴通过投资布局一些线下渠道，跟线上进行融合。

二、零售关系的民主化

互联网的诞生根本性地改变了人们参与社会生活的方式、结果和目的，打破了信息传递的壁垒。葛莱米·布朗宁和丹尼尔·魏兹纳的《电子民主——运用互联网影响美国政治》、罗莎·查葛若西诺的《网络民主——技术、城市与市民网络》、布莱恩·娄德和巴里·黑格的《数字民主：信息时代的交流与决策》等欧美学者出版的专著均研究了互联网与民主的关系。这些研究，昭示着人类社会民主发展在新技术背景下遭遇的前所未有的新动向和新问题。

自从互联网诞生以来，用户越来越多地占据主导权，他们正在书写和控制着零售商的商业规则。面对成百上千的具有同等竞争力的零售商，消费者拥有至高无上的选择权。

过去大众市场的概念是一统化、规模化的,就像中华人民共和国成立初期集体主义生活的时代,大家消费的都是统一的产品。从已有的产品供给中进行选择,却极少有机会发声"我"的所想所要。在社会大生产的机器上恪尽职守,兢兢业业。

与过去费力地在特定时间、特定地方购物不同,现在消费者只要轻轻触摸手机屏幕,就能轻松在各个平台购买好自己想要的商品。而且各种信息不对称的情况正在逐步减弱,消费者所需要的商品信息、知识、比较价格、其他使用者的评论等都可以轻松获取。这样一来,过去消费者被动接受知识的购物模式变得积极主动,完全占据主导权。

互联网的普及使得零售正从以渠道为王的时代迈向以消费者为王的时代,消费主导权已从过去的生产商、零售商逐渐转移到消费者手中。商家要干什么,需要得到他们的许可。销售关系的民主化时代正在拉开帷幕,各零售业渠道的界限已经越来越模糊。在这种新商业生态中,对于那些已经习惯在供应链内流通产品的零售商来说,必须有效地让体验超越原有的范围,随时随地满足占据主导权的消费者的需求。

过去在传统零售社会,商家之所以不太理会消费者的感受和需求,是因为要做到充分了解消费者需要付出的成本很高昂。但是在今天,理论上来说,零售商通过技术可以很清楚地了解到每一位顾客的即时需求,与消费者展开对话。因此，所有的商业活动、设计、制造、采购也就可以实现完全围绕消费者展开。

今天的零售商需要改变观念，参与到与消费者的对话中，知道他们的喜怒哀乐，理解他们的需要。零售商要学会聆听，搞清楚顾客是谁，他们想要什么，他们在谈什么。

以往强推式的零售推广已经在慢慢失去效力，消费者们不再受商家的主导。消费者现在更相信自己社交圈子里的好友、同事、亲友、专家、同行或网友提供的各类消费建议。

社交网络就像是滋生网络民主的黑土地，这些年以极快的速度在暗自生长。各种社交网站、自媒体平台提供了消费民主化的基础。在各种互联网平台上，消费者频繁地和远在天边的其他消费者相互交流信息，分享消费主张，形成消费社群。在这些社群中，每个人的每一次点赞、评价和分享就是与消费社会的一次连接。这种不断的连接又加强了消费社群化。

在消费民主化的过程中，每个消费者既像一座电台，又像一个引力场。每个消费者会把他们的开心、不满，甚至自己的生活对外直播，也会把对某个商品、某个零售商的喜欢、评分等对外传播出来。

一旦消费者通过自有电台把自己对消费的感受传播给消费社会中的其他消费者，就可以立即吸引拥有相同喜好的消费者。这就像宇宙中一个个围绕某个恒星形成的星云或者星系,消费者也形成了消费星云。每个消费星云就是一个社交消费群,这些消费群形成了一个个的微型商圈,同时也是一个个的消费民主社会。

在互联网条件下,可以说每个人都是一个商业组织,影响已经远远不限于自己和周边几个人。每个消费者不仅激发了自己的个性化,更促使了其他消费者自发组织起来,形成消费部落,从而建立起更强大的买方势力,拥有更高的议价筹码,牢牢占据消费的主动权,最终形成一个民主化的消费世界。

未来我们将进入到人人市场的时代。在这个时代,每个消费者都将是一个融合了更多个性、兴趣取向、行为偏好和价值主张的独特的"人",而不是过去那种被商家塑造出来的刻板统一的形象。

消费者不再是一个个商家眼里的消费机器,而是真正作为"人"的角色得以返璞归真。他们从被动的生产者/消费者转为主动的产消者(Prosumer),自主地参与到价值共同创造的过程中去。

互联网"开放、平等、民主"的精神正在冲击工业时代的"集中化、规模化、标准化"逻辑,"分布式、社会化、个性化"商业民主化逻辑正在形成。这种民主化的进程不仅表现在消费者与零售商之间的交易环节上,更深度渗透到从生产到终端的各个供应链环节。

甚至在企业内部，消费民主化也会改变企业和个人之间的关系。在此之前，企业决策都是 CEO 做决定，团队做执行；但是消费民主化后可能会反过来，一线员工驱动机构往前发展，高层起到一个维持机构正常运转的作用。未来的组织性会越来越弱化，越来越强化个体的动能。

《零售业的新规则》一书的作者罗宾（Robin）先生曾经说过，零售业已经进入第三次零售浪潮，我们已经进入消费者掌权的时代。我们认为，消费者是一直有主权的，只是以前他们表达的途径有限。

三、AR/VR 与新零售

高盛在 2016 年 1 月发表过一篇 AR/VR 的业界报告，他们的结论认为 AR 和 VR "有潜力成为下一个计算平台，像个人电脑那样改变世界，并期待能创造新的行业，对现有产业进行颠覆。"与移动技术的普及进程一样，我们在不久的某一天将看到，大部分家庭都会购买 VR 眼镜。著名数据公司 Nielsen 统计了 8000 名美国的成年人（18～54 岁）对 VR 设备的兴趣，调查显示有超过 25% 的人会在下一年购买 VR 设备。

尽管 VR 在零售业的应用方面尚处于早期阶段，但给零售商提供了一个巨大的机遇。在 2017 年 1 月举办的美国零售联合会年会上，美国零售联合会主席兼首席执行官马修·谢伊表示，VR、AR 及 AI 有可能引发"顾客体验大变革"。甲骨文公司发布的一篇关于虚拟体验报告称，2020 年大部分的网络零售商将寻求开发 VR 技术，以提升顾客体验。

2016 年，各大科技巨头都已经开始向外界展示他们在 VR 技术上的作为。谷歌 Cardboard、三星 Gear、HTC Vive、Oculus Rift 等 VR 产品在不断展示其神奇好玩的一面。根据 IDC 的预测，虚拟现实装备于 2016 年的发货量达 960 万台，并将于 2020 年上升至 6480 万台，5 年复合增长率为 184%。虽然他们目前在 VR 技术上的应用主要在游戏娱乐行业，但这些技术和软件未来会很容易复制和转移到零售业。

总部位于瑞典斯德哥尔摩的爱立信消费者研究室（Ericsson Consumer Lab）有一个研究报告显示，相比于目前的网上购物，消费者更渴求能够看到商品的实际形状和大小。这对 VR 来说是天生的优势。

零售企业可以考虑利用 VR 技术重新定义与顾客的接触方式。以往跑到实体店太麻烦，到网上买虽不能做到"眼见为实"，但通过 VR 构建的虚拟购物场景，可以让顾客感受到亲临现场的感觉，大大加强参与的程度。

零售业 VR 技术公司 InContext Solutions 认为 VR 在创造一个"浸没式"的世界，而这将完全改变零售业的经济状况。虽然消费者购物时依然十分看重商品价格与种类，但消费者愈发重视能够缩减数字与实体世界差异的"特色体验"。

截至 2016 年 10 月，该公司达成了由 Intel Capital 和 Beringea 领投的 1520 万美元的融资。而在这之前，该公司还筹集了约 2480 万美元，投资方还包括 Plymouth Venture Partners 和 Hyde Park Venture Partners。

法国化妆品零售品牌丝芙兰（Sephora）尝试 AR 技术，推出了"虚拟艺术家"（Virtual Artist）工具，顾客可以通过前置摄像头，试用不同颜色的美妆和口红等产品。与丝芙兰合作的 ModiFace 技术已经有超过 200 种 AR 应用程序定制的美容品牌，包括 Allergan、L'ORÉAL、Unilever 及 Yves Rocher 等。

欧莱雅也推出了类似的千妆魔镜（Makeup Genius）APP。该 APP 在中国的广告语是"点一点，千妆变"。其操作十分简单，只要顾客打开软件自拍一下，然后点击 APP 中列出的彩妆，屏幕上立刻就会显示出产品在你脸上的使用效果。如果想换一个颜色或是另一款产品，只要再点一下另一款产品就可以了。由于是虚拟试妆，因此不论一口气尝试多少种颜色，都不用卸妆，也不会影响试用效果。如果想听听朋友的意见，还可以把照片保存下来分享到社交网络。

除此之外，其他传统零售品牌如北面（North Face）、宜家家居、劳氏公司、汤姆斯等都转向虚拟现实来销售产品，力求让购物更有趣。

现在对于很多消费者而言，要体验 VR 技术大部分还是要跑到零售实体店。但是以后随着家庭 VR 眼镜的渗透，消费者可以在家带上 VR 眼镜一家家浏览门店，就如同在真实逛商店一样。

而零售商可以根据消费者的喜好和偏好，对这些购物体验进行个性化设置，创造高度个性化的虚拟门店。这种虚拟的门店相对传统实体门店来说，建设成本低，关键是可以做得很梦幻，让消费者沉浸其中。VR 现实技术可以帮助零售商实现店铺设计的可视化及对客流量的可视化。

由数字广告公司 Razorfish、SapientNitro 合并组建的数字营销公司 Sapient Razorfish 正在做一个名为 Apartment VR 的体验项目，试图构建一个个性化的购物空间。消费者可以在其中浏览，轻敲 VR 头戴设备，就可以将商品放入购物车。而在离开虚拟现实环境后，会被引导到在线结账界面。

不只是传统零售门店，电子商务公司们也很积极。亚马逊先后发布了招聘 AR 体验执行官的职位和 VR 商务拓展来带领团队。阿里巴巴也在 2016 年 3 月宣布成立 VR 实验室，启动 Buy+ 计划。2017 年 7 月的"淘宝造物节"上，VR 虚拟购物平台 Buy+ 首度对外开放。该软件让虚拟现实使用者到访虚拟零售店并进行购物。顾客可以在虚拟环境中行走，如果看中任何商品，即可连接到阿里巴巴的电子商务平台——天猫。付款程序也是直接在虚拟现实环境中进行。阿里巴巴用户体验 Buy+ 购物的场景如图 1 所示。

除此之外，阿里巴巴的蚂蚁金服也将推出 VR Pay 虚拟购物支付技术，可以在应用内完成 3D 场景下的支付。京东也推出了基于 Google Tango AR 的 JD Dream。

图 1　阿里巴巴用户在体验 Buy+ 购物

不过对于 VR 购物，可能存在两个方面的问题，一是像《华尔街日报》认为的那样，VR 对于用户的身体技能提出了挑战；二是目前成本还很高昂。高质量的建模不仅成本高，而且要求也很高，不仅要还原立体效果，还要尽可能地恢复商品原本的材质，甚至是光影。另外，零售商配置相关系统需要额外的人力、财力等资源，如何快速低成本应用 VR 内容仍是一个核心挑战。

四、人工智能与新零售

自图灵在 20 世纪 30 年代发表的一篇论文《机器人会思考

吗》开始，人类开启了人工智能的研究与应用。根据新智元在 2016 年发布的《中国人工智能产业发展报告》，自从 1956 年美国达特茅斯会议提出人工智能的概念以来，人工智能已经发展了 60 年。在这 60 年的发展中，人工智能经过了"三起三落"：20 世纪 50 年代到 80 年代初处于诞生和基础阶段，神经元模型得以提出，感知器得以发明；从 20 世纪 80 年代到 21 世纪初，人工智能成功商用但跨越式发展失败；当今，随着摩尔定律和云计算带来计算能力的提升，以及互联网和大数据广泛应用带来海量数据的积累，人工智能有望实现规模化应用，并将深入到金融、交通、医疗、工业等各个领域。

在新零售条件下，零售商可以通过各种技术手段收集消费者的消费与行为数据，这些数据为人工智能（AI）的发展与应用提供了充分的养分。

大量的数据尽管收集起来显得问题不大，但人类的信息分析能力毕竟有限，而人工智能的出现使处理大规模数据成为可能。对于人工智能而言，搜集、处理、分析、总结大量零售数据不是什么难事。从海量数据中挑选出有意义的内容，对人类而言是非常庞大的工程，但人工智能只需要短短的几分钟甚至几秒。

以自然语言为基础，通过访问结构化与非结构化数据，人工智能能够搜集整理大量数据，并进行分析归类，更好地实现电子账户定位与客户研究的步骤。人工智能帮助零售企业与他们的客户建立紧密的联系,也为零售商提供了强大的技术支持。

根据顾客账户联结的数据,人工智能还可以建立数据模型,制订相应的营销方案,可以对销售过程起到加速与优化的作用。有了人工智能的支持,零售企业能够根据数据对潜在消费者进行更为快速与精准的定位。分析消费者的历史搜索、浏览、购买数据,进行偏好定位,人工智能为企业与品牌快速找出需要进行推广的消费者,为其制订有效的推广方式,如邮件、电话等,保持与他们的紧密联系。

对于用户反馈的信息,人工智能还能够帮助零售企业进行整合,进行即时的相关回复,建立起零售商与消费者之间良好的沟通与联系。根据设定的程序与关键词,人工智能能够不厌其烦地解答消费者的种种疑问,还能为零售商归纳总结出消费者最为关心的产品问题。

作为科技进步发展的产物,人工智能为零售企业提供与消费者紧密联系的方式。不过当今人工智能基本上还处在初级的应用阶段,离全面介入人类生活,对生活产生重大的影响还有一些距离。但是,在接下来的10年中,技术的加速将会使得人类与人工智能的关系从有限的影响演变为全方位的依赖。

新型的人工智能机器人可以在真实的工作场景中工作,对周围发生的一切做出适应或者调整,出现在我们生活的各个方面,可以像服务员一样帮你做事,推荐商品等。

不久之后，基于人工智能的像百度的度秘、苹果的 Siri、亚马逊的 Echo 和 Google Assistant 等这样的虚拟个人助理（Virtual Personal Assistants，VPA）也许就像今天我们的电力、石油一样无处不在，像自己最好的朋友一样可靠，可以随时征求意见、吐露心声。这些虚拟个人助理将不仅彻底融入人们的日常决策中，甚至他们很有可能自己就帮我们把决策给做好了。如果这种事情一旦发生，这对零售企业来说，就意味着客户不再是人，而是人工智能。

随着人工智能的发展，对于普通人来说，免费得到一个好"助理"不再是可望而不可即的事情，每个人都可以得到高质量的个性化助理服务。

一旦这个技术实现，人类将进入另一个时代，生活被连接的传感器和其他类型的收集数据穿戴设备所包围，从而产生大量的个人行为数据。据此，人工智能不仅可以分析大数据，还可以从这些分析中提供见解和建议。机器会收集和记录个人及家庭数据，以提供有效购买交易服务。根据数据积累结果，人工智能能清楚了解用户的习惯、偏好、需求，恰当地为用户选择需要购买的商品。

在社交网络兴起之前，个人购物选择更多受到亲友的影响。社交网络兴起后，网络社交信息在塑造顾客偏好方面发挥了重要作用。但是人工智能兴起后，个人的消费数据将循环应用，服务得到动态优化，机器也将不断累积用户新发生的生活数据，并根据环境、个人及家庭生活状态的变化，调整用户的习惯、偏好和需求记录，提供个人助理服务。

将来，VPA作为新的关键影响因素将协助消费者做出这些决定。如果现在我们说"客户为王"是真实的，那么未来这些VPA们就是围绕在"王"周围的聪明顾问。消费者将依赖于他们的信息，就像现在依赖他们的闺蜜一样。

这样一来，VPA最终将成为消费者与市场互动的强制性通道，成为必需服务。当VPA能够根据用户行程自主安排交通工具，还能根据用户的位置、气温甚至身体情况控制家电工作，可以全方位安排用户的生活时，这个"助理"就成为人类连接万物的关键节点，人类将从杂事和选择中解放出来。未来，对于零售企业而言，业绩的好坏将很大程度取决于这个"助理"的选择，VPA成为零售商必争的工具。因此，未来零售商为了应对VPA的挑战，必须进入到大数据世界中来。

因为数据就是VPA的语言，懂得数据无疑会帮助零售企业做好VPA的客户体验，并促进与"客户"的情感联系。如果零售商和VPA互动的语言是一种算法，那么AI只会选择和VPA语言相适应的零售商品牌。当VPA成为消费者的自然延伸和决策的关键时，零售将围绕影响和连接AI进行重新组织。如果零售商不能拥抱大数据，与VPA合作并"交流"，也许就不可避免地会走向灭亡。

五、新零售面临的数据隐私

零售企业的线上线下一体化，用户信息被储存在各个所谓安全的数据空间。网络技术、客服等与用户信息直接打交道或者有能力侵入零售企业用户信息库的岗位，往往成为泄露用户隐私的"重灾区"，经常会上演"应聘岗位—成功入职—取得相关权限—窃取用户信息并贩卖—辞职走人"的戏码。

仅仅2016年一年，全国公安机关开展的"打击整治网络侵犯公民个人信息犯罪专项行动"中，抓获的犯罪嫌疑人达4261名，其中98人是黑客，391人是可以获取个人信息的单位的员工，如银行、学校、电信公司、电商网站等。

"2017世界电子商务大会"于4月在浙江义乌市举行，欧洲电商协会电商基金会政策顾问Stefanie Ros出席并发言。其表示不光是欧洲，还有许多国家发展电商的障碍都在数据保护方面，隐私的保护对许多公司而言都是最头痛的问题。

Nomi Technologies是一家零售追踪公司，通过商店对消费者的行为进行监控。Nomi Technologies的监听服务会在消费者移动时，通过监测消费者的设备对消费者进行追踪。这一技术并不会通过姓名识别个人，而是通过智能手机、可穿戴设备和消费者携带的其他无线设备发出的独特的无线电波对消费者进行识别。

一直以来，类似 Nomi Technologies 这种公司采用的零售追踪技术的隐晦本性备受争议。关于零售追踪这一行为背景下的消费者的担忧，Opinion Lab 对 1000 名消费者进行了调查。研究显示，10 个消费者中有 8 人不希望商店通过智能手机对他们的行为进行追踪，并且在发现最喜欢的零售商店对他们进行追踪之后，近一半的（43%）的消费者表示不会再去此品牌的商店进行购物。

零售追踪通常是监测个人在其感兴趣的地点或者附近地点的行动。每一个技术的特定机制也许会有所不同，但大多数涉及对消费者个人或者他们的设备发射出的信息进行记录。

例如，早期的零售分析服务是基于商店内部的摄像机，有选择性地记录消费个人的行为，以便计算客流量，或者创建热图像显示哪些商品展示吸引了最多的消费者。视频零售分析尽管提供了丰富的店内消费模式，但是它通常不使用面部识别技术，因此具有更高的"实际模糊性"，因为它无法识别消费者或者通过地址对他们进行连接。

新型追踪技术对个人设备搜索或者与周围的设备网络连接时所发出的信息进行监测。这属于积极监测，通常是由所监测设备或者与之连接的设备而组成，如移动手机供应商，或者设备所连接的 Wi-Fi 热点。另一种方法是"消极监测"，在设备与外界连接或者搜索其他设备和网络时截取信号。

例如，一些消极监测的零售分析技术会截取你与移动设备供应商的交流信息，或者你的设备在搜索附近的 Wi-Fi 热点时，发出的信号也会被截获。大多数的现代移动手机或者可穿戴设备，在搜索或者与其他移动手机、Wi-Fi 和蓝牙网络交流时都会产生一系列的无线信号，即使他们在未使用时也会产生相应的信号。要注意，所收集的信息通常被认为是通信数据收集中的"信号信息"，与使用完全不同的方法所进行收集的现实内容有很大的区别，那些现实信息的手机通常会违反窃听法。同样值得注意的是，其他类型的信号，包括近场通信技术（NFC），甚至声频信号，都会被零售分析公司用来追踪客户。

通过对信号的强度和信号连接的标识进行监测，零售商能够确定消费者光临他们商店的次数，消费者再次回归的频率，路人经过时的行为，甚至消费者到某个特定位置的人口统计数据（在提供携带者的零售分析中可以得到）。

关于隐私的担忧最终会受到标识符、消费者意识，以及消费者选择的可获性和退出机制的有效性的影响。零售分析公司追踪设备的信号和相关联的识别符，以三角化测量和记录个人设备的位置。在这里，标识符有很大的不同，而且会涉及不同程度的隐私问题。

持久性标识符能够与个人通过姓名联系在一起。例如，当你连接进入一个商业 Wi-Fi 热点时，你的 MAC 地址是与你的登录信息连接在一起的。而且 Wi-Fi 搜索会自动传播设备所连接的最后一个网络的名称，这也存在着泄露个人信息的潜在危险，如他们的家庭姓名和工作网络。这些信息能够使得观察者把 MAC 地址与特定的用户或者网络联系起来。

一产业自律组织的行为准则规定，零售分析公司要"采取合理的措施，要求使用其技术的公司在显眼的位置放置标志，告知消费者有关信息收集和 MLA 数据的使用"。然而，并不是所有的零售分析公司都严格遵守这些原则，也不是所有的零售商都会负责店内标志的执行。

即使如此，消费者进入商店或者在附近的商店购物时，很少会注意到毗邻零售商的位置追踪。除了关掉他们的设备，或者把设备设置为飞行模式，目前并没有合适的方法来避免数据被收集。

尾 声

做零售并不复杂，只是一直以来我们对顾客真正需要什么思考得太少。或者说在原有的技术条件下，我们没有办法及时、精准、立体地去了解他们。

说了那么多实体店受电商冲击，新零售如何做到线上线下结合的话题。最后我们必须要强调一点，技术只是改变了零售的效率和连接方式，实体店本身应该成为我们思考新零售的起点。

不管是电商也好，实体零售店也罢，真正让消费者消费的还是那些实实在在的实物。无论线上还是线下，无论是融合还是分离，只要是实实在在为消费者着想的，就能真正把新零售做好。否则再好的技术手段，消费如若没有得到实实在在的价值，都只会沦为笑话。

如果你回头看看日本，看看他们的实体店为何在互联网如此发达的今天还活得有声有色，你或许能得到一些启发。

在日本，一些寿司店可以经营150年，甚至250年。日本人以传承和精益求精为傲，没有做大生意和小生意的区别，而是在持续不断的专注中获得满足感。

日本的实体零售店首先靠的是以人为本，靠对细节打造的精益求精。例如，有些便利店贴心到在收银台下面设有小小的洗手台，方便顾客买了食物想吃，又苦于无处洗手。又如，他们的商业街间会考虑为太阳日照与阴雨天气设计连廊。

我们去购物都有一个经历，小票盖章后油墨没干，会弄脏手甚至衣服。但是在日本零售店买好东西，收银员会将盖好章的小票用吸油纸吸走油墨。你还会发现，在你的上一位买单结账后，收银员会走出柜台送一小段，然后再接到你并引到柜台。在下雨天，日本商场会从顾客需求的角度出发，分别准备擦拭雨具与身体的毛巾。如果消费者不想拎着大包小裹回家，可以委托商场打包送货上门。不仅是大件商品，像鞋子、皮包、日用品等都可以。这些都在默默中传达着对顾客的尊重与体贴。

近年来，日本的很多实体店都推出了电子商务平台和实体店同步销售的服务。消费者从电子商务平台上购买的商品可在该百货店的实体店取货，实体店内断货的商品也可通过电子商务平台选购。正是因为日本的电商配送体系是建立在实体便利店的基础之上的，其电商体系与实体店之间就自然建立起了共存共荣的关系。

日本有个著名的零售实体店品牌，始创于1716年，叫中川政七商店。它外表看起来就像旧民居，但里面却是传统与现代结合的时尚空间,精致而美好。中川政七商店的第十三代社长中川淳掌管企业时,请来日本设计大师水野学做艺术总监。水野学用"从老东西中发现新知识"的理念,并通过一系列的重新设计,让中川政七商店获得了新的生命,成为一个传承和创新并存的生活品牌。中川淳觉得产品不能盲目追求高科技,而是要看产品是不是真正符合人们生活需要的功能性。

为了保持店铺的新鲜度,中川政七商店的所有店铺每隔两周就能摆上新品,现在每年大概能上新 26 次,此外还广泛开展各类跨界合作。

中川淳本人还在官网开设了一个名为"Sunchi(产地)"的博客,每天上午 10 点更新内容,以讲故事的方式向顾客普及产品工艺、当地料理、住宿商铺等产地背景知识,让顾客体会到不同产地"土地的魅力"。

除了日本,美国的好市多(Costco)、德国的阿尔迪(ALDI)等实体零售面对电商冲击,也显得十分坚挺。

好市多在美国成为沃尔玛唯一害怕的超市,在实体店普遍下滑的情况下做到了逆势而上。好市多的做法,一是特别强调极致的性价比,采用"自有品牌 + 独家供应 + 大包装定制"的方式去降低价格。二是采用会员制,靠会员费挣钱而不是商品本身。为了留住会员,可以让商品保持成本价出售。在好市多,商品有过高的毛利率是决不允许的。三是好市多在商品的品类选择上保持了食品的高比例,超过了 60%。因为食品属于刚需,而且高频,网购可能并不是很好的途径。另外,好市多还通过做全城油价最便宜的加油站吸引顾客去光顾,而顾客在加油的时候顺便买点东西就是水到渠成的事了。

德国超市阿尔迪(ALDI)也是实体经营方面的佼佼者。他们于 2017 年在沃尔玛的大本营美国,喊出了每年新开 100 家分店的豪言,并预计 2018 年开到 2000 家门店。阿尔迪这个名字 ALDI 取自 Albrecht Discount 的缩写,意思是阿尔布莱希特折扣店,刚好 ALDI 也是"所有穷人都感谢你"的字头缩写,因此自创立以来一直强调低价格。

为了保持低价,阿尔迪必须要大批量进货才能有谈判优势。阿尔迪非常大的一个特色就是在商品种类上非常少,只有 700 多种。而沃尔玛有近 1.5 万种商品,家乐福也有近 1.2 万种商品。而且每种商品,阿尔迪只提供一种品牌,以保证可以大批量进货。由于种类少,每种商品销量都很大,阿尔迪在与供应商的价格和品质谈判中就能处于绝对优势。商品种类少还有一个好处,就是能极大地降低物流和仓储成本。

在店面管理上,阿尔迪会避开租金昂贵的繁华地段,选择相对偏僻但人流集中的地方开店。为了降低所有中间环节成本,阿尔迪大多数是自有品牌产品,这样就省掉广告、明星代言等额外费用。

在美国一项"超市在消费者中受欢迎程度"的调查中,阿尔迪排在第一名,得票数远超沃尔玛。除了美国,还在英国、澳大利亚、法国等国家不断侵蚀着本土零售商的市场份额，成为超市行业中最令人钦佩又最让人恐惧的强大对手。

其实，很多实体店把电商视为老虎，将与电商的竞争视为一种零和博弈，其实不然。有一个研究表明，一个市场中上网购物的消费者每增加10%，该地区就会额外增加两个实体门店。也就是说，一个地区的居民线上购物的倾向与该地的实体业务存在着统计学的联系。

实体店面不仅仅是一个销售商品的渠道，它还能够起到为产品背书，甚至从潜意识中攻占消费者心智的作用。有一个数据表明，美国绝大多数的网购网站的流量都来自周边地区，原因是实体门店先提供了商品信息。

这就让门店获得了一种新的经营方式：BOPS，意思是"线上购买，线下取货"（Buy Online，Pick Up in Store）。这种服务结合了线上和线下两者的优势，购买之前可以在线上得到完整的商品和库存信息，再去线下门店取走商品而无需等待。《不可消失的门店》的作者大卫·贝尔用"漏斗原理"来形容，线上零售的吸水能力很强，但是蓄水能力与线下零售差距很大，所以选择BOPS的经营方式的成本总和并不会高于线上。

所以新零售业不是在线电商消灭实体店面，而是线下线上相结合组成O+O（Online+Offline）。门店不但不会消失，而且还将起到越来越重要的作用。

致　　谢

对于中国而言，新零售经济序幕刚刚拉开，后面有无限的想象和扩展空间。

我们在撰写各个章节的时候，始终把握线上线下相融合这个要点，既不偏重电商如何变革，也不侧重实体店如何重生，而是两者之间如何结合创新。我们认为新零售它不是"Online to Offline"，也不是"Offline to Online"，而是"Online+Offline"，是对零售最重要的"人、货、场"三个元素进行重构。而在这个重构过程中，"人"始终处于中心位置，否则任何技术应用，大数据也罢，智能化也好，都显得毫无意义。

新零售是刚刚出现的一个概念，很多企业和研究者都处在探索阶段。在这样的背景下，我们撰写了这样一本反映这种时代潮流的书籍，跟大家分享一些我们对新零售的思考和总结，希望能给企业和个人带来一定的启发。感谢游读会网络科技（上海）有限公司和企业管理出版社的支持，让这本书得以快速呈现在读者面前。

在本书形成过程中，李嘉莹、周怡、骆凌波三位研究生付出了他们的智慧和努力。

本书参考了不少专家学者的书籍和文章，虽尽力做了参考文献的备注，但亦可能会有一些遗漏，在此一并感谢。

本书成书较仓促，错误之处在所难免，敬请读者朋友们批评指正。

刘国华　苏　勇

2017 年 11 月

如需交流，请加作者的微信公众号（liuyanbrand）联系。

主要参考文献

［1］ Anshuk Gandhi，Carmen Magar, Roger Roberts. 技术如何撬动规模化定制潮［J］. 麦肯锡季刊，2014.

［2］ 陈凯茵，黄梓涵. 新零售从概念走向现实［Z］. 新华网，2017.

［3］ 大卫·贝尔. 不可消失的门店［M］. 浙江：浙江人民出版社，2017.

［4］ 龚雯，杜海涛，王珂，等. 实体店还有未来吗——对实体商业现状的调查与思考［N］. 人民日报，2015.

［5］ 共享经济研究院. 新的潮流：共享经济开启商业民主化时代［Z］. 慢钱头条，2017.

［6］ 郝建彬. 二十年：中国电子商务史话［Z］. 互联网经济，2015.

［7］ 何黎明. 中国智慧物流新未来［Z］.2017全球智慧物流峰会，2017.

［8］ 姜汁小队长. 电商列传：他们的十五年［Z］. 亿欧网，2016.

［9］ 金错刀. 实体店已死？看一个史上很奇葩公司如何颠覆传统门店［Z］. 百度百家，2015.

［10］ 李春儒. 新技术、新模式助实体零售业自我救赎［J］. 信息与电脑，2014.

［11］ 刘国华，张鹏. 网红经济：移动互联网时代人与商业的新逻辑［M］. 北京：新世界出版社，2017.

[12] 刘国华.从2D到5D：全方位体感式营销［M］.南昌：江西人民出版社，2015.

[13] 刘国华，李嘉莹.如果未来你的客户是人工智能怎么办［J］.数字营销，2017.

[14] 刘上洋.互联网的发展趋势及影响［N］.江西日报，2015.

[15] 刘洋."私人订制"渐成趋势，数字化企业将满足消费者个性化需求［Z］.界面，2016.

[16] 吕静.比价软件终结电商价格乱战：电商促销不再只玩噱头［N］.中国经营报，2014.

[17] 孟永辉.线上与线下简单相加不是新零售，有新体验的才是新零售［Z］.简书，2017.

[18] 倪卫涛.一篇文章解析什么是网红产业链［Z］.兴趣部落，2016.

[19] 王长胜.网易严选，电商"精致主义"［Z］.百家号，2017.

[20] 巍峨群山.沃尔玛到亚马逊的距离［Z］.译言网，2016.

[21] 吴伯凡.中川政七：一家三百年杂货店的"逆生长"［Z］.伯凡时间，2017.

[22] 吴伯凡.阿尔迪的极致省钱之道［Z］.百家号，2016.

[23] 吴伯凡.为什么我们还是离不开实体店［Z］.伯凡时间，2017.

[24] 小婵婵.这些美妆概念店，或许可以启迪你的"新零售"［Z］.搜狐网，2016.

[25] 徐雨荷.日本的实体店为什么"活得好"［J］.上海商业，2016.

[26] 颜艳春.全渠道拥抱消费者王朝［J］.信息与电脑，2012.

[27] 宇见.未来，品牌的线下门店应该扮演什么角色［Z］.百度百家，2016.

[28] 腾跃.良品铺子的数字化转型［J］.哈佛商业评论（中文版），2016.

［29］占太林.电商搞垮了实体店,转身自己又开起了实体店［Z］.百略网,2015.

［30］张特.信息文明时代的互联网力量和机会［Z］.速途网,2014.

［31］张彤薇.物流的下一站——智慧物流［J］.中国储运,2016.

［32］张焱.宝洁:娱乐营销不只是娱乐［J］.商学院,2014.

［33］张勇.智慧物流发展的三大趋势［N］.搜狐网,2017.

［34］赵艳丰.RFID技术打造零售业供应链坚实的基石［J］.信息与电脑,2014.

［35］赵杰夫.所谓"京东物流模式",既不可学也不必学,"分布式仓储"才是关键［J］.虎嗅网,2015.

［36］知行书虫空间.阿里巴巴如何定义新零售［Z］.慢钱头条,2017.

［37］周庭锐.什么让实体零售店浴火重生［J］.商学院,2016.

［38］谢康玉.宜家要自己做电商了,但它最大的敌人是自己［Z］.钛媒体,2016.